1달 안에 1만 명 충성 고객 만드는

네이버 밴드 마케팅

NAVER **BAND** MARKETING

강민구 지음

도서
출판 메카피아

1달 안에 1만 명 충성 고객 만드는
네이버 밴드 마케팅

인 쇄 · 2017년 3월 10일 1판 1쇄 인쇄
발 행 · 2017년 3월 20일 1판 1쇄 발행
저 자 · 강민구

발행인 · 노수황
발행처 · 도서출판 메카피아
출판등록 · 제2014-000036호(2010년 02월 01일)
주 소 · 서울특별시 금천구 가산디지털1로 145, 2004호(가산동, 에이스하이엔드타워3차)
전 화 · 1544-1605(대)
팩 스 · 02-2624-0898
출판사 홈페이지 · www.mechabooks.co.kr
이메일 · mechapia@mechapia.com

표지 디자인 · 포인 디자인
편집 디자인 · 이예진
홍보 및 마케팅 · 이정훈

I S B N · 979-11-85276-89-2 03320

정 가 · 14,000원
영 업 : 02-2624-0902

Copyright© 2017 MECHAPIA Co. All rights reserved.

· 이 책은 저작권법에 의해 보호를 받는 저작물로 무단 전재나 복제를 금지하며, 이 책 내용의 전부 또는 일부를 이용하려면 반드시 저작권자나 발행인의 서면동의를 받아야 합니다.
· 파본 및 낙장은 구입하신 서점에서 교환하여 드립니다.

국립중앙도서관 출판예정도서목록(CIP)

이 도서의 국립중앙도서관 출판예정도서목록(CIP)은 서지정보유통지원시스템 홈페이지(http://seoji.nl.go.kr)와 국가자료공동목록시스템(http://www.nl.go.kr/kolisnet)에서 이용하실 수 있습니다.
(CIP제어번호: CIP2017003688)

1달 안에 1만 명 충성 고객 만드는
네이버 밴드 마케팅

About Author

저자 소개
이름 : 강민구 강사

저자 프로필 & 이력
청년스쿨 대표
(20~30대 청년들을 위한 지식창업 교육기관)
세종CEO바이럴전문가과정 외래 교수 (카카오 마케팅, 지식인 마케팅)
서울.충북 창조경제혁신센터 SNS 마케팅 강의
카페24 온라인 마케팅 전문 강사
서울산업진흥원 SBA 온라인 마케팅 전문 컨설턴트
중소기업청 소상공인진흥공단 온라인 마케팅 전문 강사
강원도농업기술센터 온라인 마케팅 전문 강사
서울시 동부여성발전센터 온라인 마케팅 전문 강사

현)부동산재테크 밴드 5만명 운영 관리
현)부동산재테크 앱 1만명 운영 관리
체험단 커뮤니티카페 1만명 운영 관리
온라인 마케팅 커뮤니티 카페 3천명 운영 관리
카카오스토리 패션채널 30만명 운영 관리
카카오스토리 유머채널 16만명 운영 관리

병원, 학원, 뷰티 & 패션, 건강 식품, 귀금속, 가전, 교육, 금융, 부동산 등 다수 업체 컨설팅 & 교육
수십만 명의 대형 SNS 계정 다수 컨설팅 & 교육
E-mail : okwinus@naver.com

저자 히스토리

필자는 어릴 적부터 기계를 다루는 것을 무척 좋아했습니다. 컴퓨터가 없던 시절에는 각종 전자 제품을 분해하여 조립하는 것을 많이 하였고 컴퓨터가 생길 무렵에도 용산에 가서 컴퓨터를 직접 조립해서 사용도 하고 주위 지인들 컴퓨터를 대신 조립해 주기도 했습니다. 그만큼 기계와 친숙한 삶을 살아왔습니다. 스무 살 초반 컴퓨터 전공 전문 대학을 졸업하고 남들은 취업을 할 때 저는 컴퓨터 온라인 쇼핑몰을 시작하였습니다. 300만원을 가지고 처음 창업을 했었는데요. 처음 창업치고 초반의 성과는 괜찮았지만 2년 6개월간 운영을 하면서 사실 빚만 많이 쌓이고 쓰디쓴 실패의 맛을 보게 되었습니다. 처음으로 인생의 좌절을 겪은 시기였죠. 그 후로 각종 세일즈, 보험, 카드, 부동산, 막노동, 웨이터, 서빙 알바 등 많은 직종을 전전하면서 우여곡절을 많이 겪게 되었습니다. 빚을 갚기 위해 고군분투했던 시기였죠. 정신을 차려보니 이십 대 중반이 넘어가는 나이가 되었고 다시 힘을 내서 사업을 해보자는 마음으로 미친 듯이 비즈니스 & 마케팅 교육을 듣고 다녔습니다. 교육에 투자한 돈만 수천만 원이 넘을 것 같군요. 그렇게 열심히 살아가며 다시 사업을 준비하던 중에 온라인마케팅을 접하게 되면서 블로그 마케팅부터 카카오, 페이스북, 유튜브 등 여러 가지 온라인 마케팅 기술을 대부분 습득하게 되었고 제 사업을 다시 시작할 수 있게 되었습니다.

워낙 기계적인 기술과 프로그램을 다루는데 익숙해져 있어서 인지 남들이 몇 번씩 듣고 실습을 해야 알아들을 내용을 한 번 스쳐 지나가듯이 배워도 금방 몸으로 익힐 수 있게 되었습니다. 그리하여 다른 온라인 마케터보다 많은 온라인 마케팅 기술을 익힐 수 있게 되었고 우연한 기회에 온라인 마케팅 강사님들을 만나뵙게 되어서 강사로 데뷔하게 되었습니다. 온라인 마케팅 강사로 활동한지도 벌써 5년이 되었는데요. 저는 쉽게 배웠던 온라인 마케팅 기술들을 다른 마케터와 사업자 분들은 굉장히 빠르게 변하는 흐름에 적응하는 것이 어렵다라는 것을 느끼게 되었습니다. 처음에는 돈을 벌려고 시작하였던 강의가 현재는 온라인 비즈니스를 하는 모든 분들께 제가 가지고 있는 온라인 마케팅 전문 기술들을 효율적으로 가치있게 전달하여 사업을 안정적으로 운영하실 수 있게 하는게 저의 사명감이자 목표가 되었습니다.

저는 지금도 매일 온라인 마케팅 트렌드를 따라가려고 책을 읽고 교육을 듣고 현장에서 실제로 홍보 업무를 진행하면서 역량 개발을 하고 있습니다. 남들과 차별화되어있는 저만의 온라인 마케팅 기술 습득 능력을 앞으로 많은 사업자와 마케터에게 잘 전달하여 입으로만 떠드는 강사가 아닌 실제로 사업에 도움이 될 수 있게끔 현장감 있고 실속있는 강의를 전달하기 위해서 오늘도 공부를 하고 끊임없이 연구를 하고 있습니다. 호기심이 많아 남들보다 몇 배의 시행착오를 온라인에서 겪었지만 다른 사업자와 마케터분들은 저처럼 시행착오를 겪어가며 실패하지 않게 하기 위해서 저는 오늘도 책을 쓰고 교육을 하고 있습니다. 앞으로도 이러한 사명감을 가지고 죽는 날까지 가치있는 정보를 전달하는 온라인 마케팅 전문 강사가 되겠습니다.

서문 요약

온라인 마케팅은 변화 흐름이 워낙 빠르기 때문에 자칫 혼란스러울 수 있지만 오히려 개인에게는 큰 기회로 다가올 수 있습니다. 굉장히 빠른 변화의 흐름 속에 조직이 큰 대기업 및 중견 기업들은 즉각적으로 반응하기가 매우 어려운 환경입니다. 반면에 조직이 크지 않은 1인 기업이나 중소 기업들은 변화에 대처하기가 굉장히 용이한 환경이죠.

이러한 이유 덕분에 대부분의 새로운 기술들은 스타트업 기업들이 개발을 하고 대기업과 같이 큰 기업들은 그 기술을 인수합병하는 비즈니스 모델로 가고 있는게 현실입니다.

그렇다면 빠르게 변화하는 온라인 마케팅 시장에서 어떠한 기회들을 엿볼 수 있을까요? 저는 "밴드 마케팅"을 기회 중 하나로 주목하여 이미 활용하고 있습니다. 수많은 온라인 마케팅 채널 중 왜 필자는 하필 "밴드 마케팅"을 기회로 봤을까요?

과거의 온라인 마케팅 흐름을 보면 밴드 마케팅이 기회가 될 수도 있다는 것을 설명하기 더 쉬울 것 같습니다. 온라인 마케팅이 초기 활성화 되었던 곳은 바로 PC웹 시장입니다. 그 중에서도 검색 엔진 마케팅을 빼놓을 수 없지요. 국내에서 주를 이루는 네이버와 다음의 검색 엔진 노출 마케팅이 초기 온라인 마케팅 시장을 주름잡았는데요. 검색 엔진 마케팅 채널 중에서도 블로그 마케팅을 활용하여 부를 축적한 기업과 마케터들이 많았습니다. 하지만 블로그 마케팅이 활성화되기 시작한 건 약 10년여 전부터이며, 현재의 블로그 마케팅은 경쟁이 너무 과열되어 있어 초기 시장의 기회가 있는 곳은 아닙니다. 물론 아직도 블로그 마케팅은 굉장히 강력한 마케팅 수단이지만 투자 대비 큰 효과를 내기는 힘든 곳이죠.

그 다음 5년여 전부터 스마트폰이 활성화 되면서 PC 검색이 주를 이루던 검색 엔진도 모바일 검색에 집중하면서 모바일 검색 노출이 굉장히 활성화되었고 더불어 SNS 모바일 마케팅 채널도 엄청나게 활성화되었습니다. 그 중에서 카카오톡과 카카오스토리를 국내에서는 빼놓을 수 없습니다. SNS 모바일 마케팅 채널이 활성화되면서 카카오톡과 카카오스토리, 페이스북 등의 대형 플랫폼을 활용하여 막대한 부를 쌓은 기업과 마케터는 무수히 많습니다.

하지만 카카오톡, 카카오스토리, 페이스북 등의 마케팅 채널도 블로그 마케팅과 같이 이제 초기 시장은 아니고 경쟁이 치열한 시장이 되었습니다. 경쟁에서 살아남을 수 있는 마케터라면 괜찮겠지만 모든 사람들이 치열한 경쟁 속에서 살아남을 수는 없습니다.

SNS 마케팅의 흐름은 젊은 나이층(10~30대)은 개방형 SNS 카카오스토리, 페이스북 등의 가벼운 SNS를 많이 이용한다면 중장년층은 관심사 기반으로 뭉치는 커뮤니티 폐쇄형 SNS를 자주 이용합니다. 이미 그러한 조짐은 온라인 뿐만 아니라 오프라인에서도 큰 트렌드 흐름이기도 합니다. 밴드 마케팅은 중장년층(30~50대)이 가장 많이 사용하고 있는 국내의 대표적인 SNS 채널입니다.

아직도 많은 온라인 마케터들은 네이버의 블로그 마케팅과 바이럴 검색 노출 마케팅에 목을 매고있는 사람이 대부분이며 좀 더 발빠른 사람들은 카카오스토리나 카카오톡, 페이스북, 인스타그램, 유튜브 등의 SNS 모바일 채널 마케팅을 활용하여 매출을 올리고 있습니다.

밴드 마케팅은 기회가 많지만 누구나 하기는 어려워 진입 장벽이 굉장히 높습니다. 이러한 이유 덕분에 밴드 마케팅은 다른 SNS 채널보다 경쟁이 덜한 편입니다. 경쟁이 많이 없다는 것은 굉장히 큰 기회이기도 하지요. 밴드를 활용만 할 수 있다면 좋다는 뜻이기도 합니다.

네이버 카페로 많은 개인들이 수익을 창출했던 것처럼 밴드 마케팅을 통해서도 충분히 가능하다고 생각합니다. 왜냐하면 필자가 이미 밴드를 통해 많은 수익을 창출하고 있기 때문이지요. 밴드 마케팅은 네이버 & 다음 카페보다 더욱 폭발력이 높습니다. 바로 모바일 기반이기 때문입니다.

온라인 마케팅을 조금이라도 경험해보신 분이라면 단기적인 방문객보다 커뮤니티 회원을 모은다면 얼마나 강력한 힘이 생기는지 익히 알고 있을 것입니다.

"밴드 마케팅"은 경쟁이 덜한 기회의 시장이며 강력한 충성 고객을 확보할 수 있는 무엇보다도 좋은 모바일 마케팅 채널입니다.

다시 한 번 말씀드리지만 밴드 마케팅은 진입 장벽이 높기에 경쟁이 덜한 마케팅 채널입니다. 기회는 다수가 가는 곳이 아닌 소수가 가는 곳에 존재하기 마련이죠. 이 책에서 필자가 소개하는 방법을 실천할 수 있는 분이라면 저와 같은 결과를 만들 수 있을 것입니다. 지금부터 네이버 밴드를 활용하여 어떻게 매출을 증가시키고 충성 고객을 확보할 수 있는지 실제 경험을 통하여 안내해 드리도록 하겠습니다.

Contents

저자 히스토리

프롤로그(서문)

01 아무나 못하는 밴드 마케팅??

1. 아무나 못하기 때문에 기회가 있는 밴드 마케팅   12 page

2. SNS 중에서 회원 모집이 가장 어려운 밴드   14 page

3. 콘텐츠는 기본! 회원들과 꾸준히 소통할 자신 있어?   16 page

02 밴드 마케팅의 특징 이해

1. 밴드 마케팅 과연 비전이 있을까?   18 page

2. 밴드를 주로 사용하는 회원들의 데이터 분석   21 page

3. 폐쇄형 SNS의 강점과 약점   22 page

03 밴드로 돈 버는 방법 3가지

1. 시작과 동시에 수익화하는 방법   24 page

2. 수익은 나중!! 회원부터 모으는 방법   26 page

3. 대형 밴드 활용 "제휴 마케팅"   28 page

04 처음부터 이기고 시작하는 밴드 운영 방향

1. 경쟁 밴드 조사&분석 ... 32 page
2. 수익에 최적화된 밴드 운영 컨셉 설정 ... 39 page
3. 쉽게 모을 수 있는 타겟 설정 ... 46 page

05 밴드 개설시 중요 관리 설정

1. 밴드 개설시 공개 타입 3가지 차이점 안내 ... 50 page
2. 밴드 최대 멤버 수 1000명까지 vs 멤버 수 무제한(빅밴드) ... 54 page
3. 회원 가입 숫자가 달라지는 가입 조건 설정 ... 59 page
4. 멤버 권한 관리를 통한 활성화 ... 61 page
5. 멤버 활동 관리 기본 설정법 ... 63 page
6. 기본 설정 1.(소개말, URL, 키워드, 지역 정보) ... 67 page
7. 기본 설정 2.(공지글, 대표 태그, 인기글, 채팅, 일정, 앨범) ... 76 page

06 1달 안에 1만 명 회원 모집하기

1. 밴드 본사 지원 정책을 통한 초기 회원 모집 ... 94 page
2. 밴드 초대 기능을 활용한 회원 모집 ... 99 page
3. 콘텐츠를 활용한 회원 모집 ... 116 page
4. 밴드 홈 & 새소식 광고로 1주일에 수천 명 모으기 ... 118 page
5. 스티커 광고를 통한 2주 안에 수만 명 모으기 ... 140 page

충성 회원을 만드는 밴드 운영 방법

1. 밴드 커버와 공지글을 활용해 충성 팬 만들기　　　　　150 page
2. 운영 리더와 공동 리더 분리 효과　　　　　　　　　　158 page
3. 수천 조회 수를 만드는 글 작성 패턴　　　　　　　　　160 page
4. 수많은 시행착오 끝에 얻어낸 회원들이 좋아하는 글　　163 page
5. 진정성 있는 소통이야 말로 최고의 무기　　　　　　　169 page
6. 남들과 똑같은 이벤트는 그만! 나만의 이벤트 만들기　171 page
7. 밴드 통계 활용(회원 활동 기록)　　　　　　　　　　　175 page
8. 밴드와 함께 활용하면 좋은 SNS 서비스　　　　　　　179 page

마치며 향후 전망에 대하여

제 1장

"아무나 못하는 밴드 마케팅??"

01
아무나 못하기 때문에 기회가 있는 밴드 마케팅

찾기 힘든 밴드 마케팅 전문가

저는 아래 [그림1]의 <mark>부동산재테크</mark> 밴드를 1년 넘게 운영하고 있습니다. 현재 이 밴드를 통해 꽤나 많은 수익을 창출하고 있습니다. 이외에도 밴드를 통해 수익을 창출하는 온라인 마케터는 많이 있지만 그 방법을 공유하는 분은 거의 없습니다. 서점에 가서 밴드 마케팅 서적을 찾아보셔도 출간된 책은 없으며 밴드 마케팅 강의를 진행하는 강사를 찾아보려 해도 거의 실전 전문가라기 보다는 이론 중심 강의가 대부분입니다. 밴드를 직접 운영을 해보니 좋은 채널이라 판단이 들어서 검색도 해보고 주위 분들에게 수소문을 해보았지만 생각보다 밴드 운영을 하는 분들은 거의 없었습니다. 매력 있는 SNS 마케팅 채널임에 분명하지만 왜 운영을 하는 사람이나 정보를 공유하는 사람이 다른 블로그나 페이스북에 비해 거의 없을까요?

● 그림1. 직접 운영 중인 부동산 재테크 밴드

그 답은 실무 강의 현장에서 찾을 수 있었습니다. 밴드 마케팅 강의를 진행하면 수강생의 반응이 극과 극으로 나누어지는데요. 10명 중 한두 명은 눈빛이 달라지며 굉장히 좋은 기회라 생각하여 적극적으로 받아들이는 반면 나머지 대부분의 사업자와 마케터는 어렵다 생각하여 애초에 포기하는 분들이 많았습니다. 물론 제대로 하지 못할거라면 처음부터 시작하지 않는 것도 좋은 방법이라 생각합니다. 이러한 이유 때문에 밴드 마케팅은 아직도 소수의 마케터들만 활용을 하고 있어 제대로 활용만 할 수 있다면 좋은 마케팅 채널임에 분명합니다.

● 그림2. 밴드 마케팅 강의 현장 모습

하지만 단점으로 진입 장벽이 높다는게 함정이죠. 밴드 마케팅에는 어떠한 진입 장벽과 어려움이 있는지 간단히 소개할테니 이 내용을 살펴보시고 나에게 맞지 않는 채널이다 생각하면 과감히 포기하는 것도 올바른 선택일 것입니다.

02
SNS 중에서 회원 모집이 가장 어려운 밴드

오픈형 SNS와 폐쇄형 SNS의 차이

SNS를 크게 2분류로 나누는데 오픈형 SNS와 폐쇄형 SNS로 구분합니다. 오픈형 SNS라 함은 별다른 가입절차 없이 자유롭게 콘텐츠를 볼 수 있는 SNS를 말합니다. 보통 페이스북, 카카오스토리, 블로그 같은 형태를 오픈형 SNS라 표현합니다. 폐쇄형 SNS는 오픈형 SNS와 반대로 가입을 해야만 콘텐츠를 볼 수 있는 SNS 서비스입니다.

 대표적인 서비스는 네이버 & 다음 카페와 밴드가 있습니다. 폐쇄형 SNS는 오픈형 SNS와 다르게 회원 모집이 가능하기 때문에 회원을 모을 수만 있다면 충성 고객을 만들기가 굉장히 용이하지만 가입의 벽이 생각보다 높기 때문에 요즘은 회원가입 자체를 만드는게 쉽지가 않습니다. 더군다나 폐쇄형 SNS는 오픈형 SNS보다 가입 절차가 까다로운 편이기 때문에 사용자들이 웬만해서는 가입을 잘 하지 않죠. 이러한 이유 덕에 네이버와 다음 카페는 예전만큼의 효과를 내기가 쉽지 않습니다. 하지만 밴드는 모바일 기반이기 때문에 PC 기반인 카페보다는 수월한 편입니다.

● 그림1. 네이버 밴드 로고

생각보다 많은 투자가 들어간다.

회원을 어렵게 모았다고 해서 수익으로 바로 연결되는 것이 아닙니다. 사실 모은 후에 회원을 어떻게 관리하여 매출로 연결하느냐 이것이 관건이죠.

대부분의 밴드 마케터들이 회원을 모으고 수익으로 연결하지 못해 힘들어 하는 분이 많습니다. 회원을 잘 관리하기 위해서는 우선 굉장히 많은 에너지가 투입됩니다. 아이를 한 명 키운다는 생각으로 회원들에게 정성을 들여 정보를 꾸준히 매일 공급하고 진정성 있는 소통도 병행해야 하기 때문입니다. 투자한 만큼 가치있는 열매를 주긴 하지만 밴드 마케팅은 인내와 고단의 시간이 분명히 존재합니다. 책의 서두부터 겁을 주려는 것이 절대 아닙니다. 밴드 마케팅을 가벼운 동호회 활동 같은 도구로 생각하는 분이 간혹 있어 노파심에 설명을 드리는 것입니다.

밴드에서 실제 회원을 모을 때 무료로 모으는 방법도 있고 유료로 모으는 방법도 있습니다. 무료로 모으려면 비용을 지출하지 않기 때문에 굉장히 많은 시간과 노력을 투자해야 합니다. 현재 밴드를 이용하는 사업자와 마케터는 거의 대부분 무료 마케팅보다는 유료 광고를 통해 회원을 모으고 있습니다. 6장의 광고로 회원 모으기에서 보시면 알겠지만 생각보다 많은 광고비가 투자됩니다. 이 또한 큰 진입 장벽 중 하나인데요. 필자 같은 경우는 밴드를 운영하기 전 분명한 수익 모델이 확립되어 있었기 때문에 밴드를 운영한 첫 주부터 수익이 바로 나왔었습니다. 그렇기에 과감히 비용을 지출하여 밴드를 운영할 수 있었습니다. 그렇지 않고 막연히 회원을 모으기만 하면 수익이 날거라 생각하고 광고비를 지출한 분은 대부분 낭패를 보기 십상이죠.

주위에도 그런 분들이 많이 있어서 안타까웠습니다. 여러 가지 어려운 점이 있는 밴드 마케팅이지만 저를 비롯한 다른 사업자와 마케터들이 밴드에 투자하는 이유도 있겠죠? 물론 광고비 지출없이 무료로 회원을 모으는 분들도 있습니다. 비용을 지출하면 그만큼의 시간을 아낄 수 있는 것 뿐이죠.

밴드에 투자하는 마케터들의 주된 이유는 카페의 하락세를 커버해줄 거의 유일한 폐쇄형 SNS이기 때문이고 일정 비용을 지출하면 회원이 모집되는 것은 거의 보장이 되어 있기 때문입니다. 다른 SNS 마케팅 채널 중에서 회원 모집이 보장되다시피 한 광고 상품은 존재하지 않습니다. 바로 이러한 점이 밴드 마케팅의 매력이 아닐까 생각합니다.

03
콘텐츠는 기본!
회원들과 꾸준히 소통할 자신 있어?

인내의 시간이 필요한 밴드

아무리 상품이 좋다고 해서 이제 막 회원 가입을 하고 들어온 회원에게 상품 홍보를 한다면 거부 반응이 나오기 마련입니다. 밴드 활동을 하는 회원은 물건을 쇼핑하러 들어온 것이 아닌 정보를 보거나 다른 회원들과 소통하기 위해 들어온 것입니다.

그래서 밴드에서 상품을 홍보할 때는 신뢰의 기간을 가지고 나서 홍보를 해야 더욱 홍보 효과가 빛을 발하게 됩니다. 그렇다면 회원들과 신뢰는 어떻게 쌓을 수 있을까요? 양질의 콘텐츠를 꾸준히 공급하고 꾸준히 댓글로써 회원들과 소통하는 것입니다. 너무 뻔한가요? 뻔하지만 이것이 정답입니다. 뒷부분에 좀더 효율적으로 글을 올리고 소통하는 방법을 안내드리겠지만 때로는 꼼수보다는 정석이 더 좋다고 생각합니다. 어떠한 비즈니스이든 꾸준함이 가장 어렵고 힘들다는 것을 저도 알고 있습니다. 이 부분이 밴드의 또 다른 어려움 중 하나입니다.

시작부터 어려운 점과 부정적인 이슈를 말씀드려 무거운 마음이지만 그만큼 각오를 단단히 하고 진행해야 하는 마케팅 채널이고 꽤나 많은 투자가 들어가기 때문에 신중하게 결정하시라고 몇 마디 말씀을 드렸습니다. 몇 가지 내용만 보고 판단하기는 힘드실테니 책을 끝까지 다 읽어보시고 자신에게 밴드 마케팅이 맞는 채널일지 판단해보셔도 될 것 같습니다.

국내 밴드 마케팅 전문가가 거의 없다보니 저는 밴드 마케팅 강의와 컨설팅 문의를 자주 받습니다. 독자분들도 그러한 점이 어려우실텐데요. 책을 끝까지 다 보셨는데도 스스로 판단하기 힘드시다면 책의 앞에 있는 제 메일로 문의를 주시면 최대한 성심껏 안내를 드리겠습니다.

제 2장

"밴드 마케팅의 특징 이해"

01
밴드 마케팅 과연 비전이 있을까?

빅데이터로 살펴보는 밴드의 현재 위치

온라인 마케팅을 전문으로 시작한지 벌써 7년이 흘렀습니다. 7년이라는 기간 동안 엄청나게 빠른 속도로 변화하는 SNS의 변화와 발전을 몸소 체험해 왔습니다.

● 그림1. Social Media

  그 과정에서 기회를 놓친 경험도 많았고 기회를 잡은 경험도 있습니다. 강의를 하고 있지만 현장에서 온라인 마케팅 실무를 진행할 때가 더욱 많아서 객관적인 온라인 데이터를 자주 살펴 보는게 습관화되어 있습니다. 직감보다는 데이터가 팩트이고 신뢰할 수 있는 경우가 많았기 때문이죠. 밴드가 국내에서 현재 어느 정도 위치에 있는지 데이터를 통해 살펴 보겠습니다.

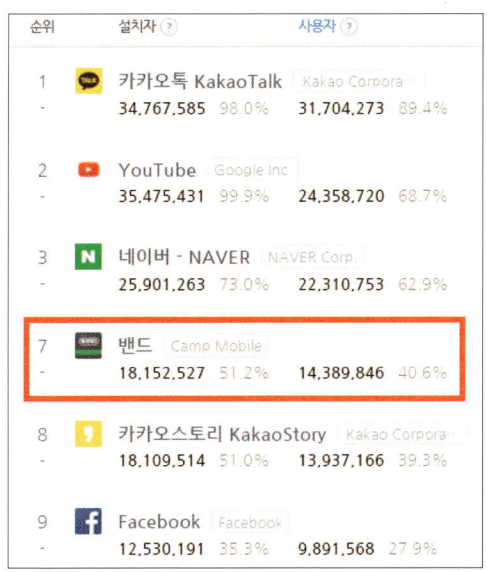

● 그림2. 2016년 12월 국내 안드로이드 앱 실사용 랭킹
(출처 : 와이즈앱)

　[그림2]의 자료는 2016년 12월 국내 안드로이드 앱의 실 사용자들을 분석한 자료입니다. 국내 스마트폰 이용자는 애플 IOS보다 안드로이드 핸드폰을 더 많이 사용한다는 점을 감안하면 위 통계 자료가 전체를 대변한다 생각해도 무방할 것입니다. 최근 통계 자료에서 보시듯이 밴드는 국내 10위권 안에 들어가는 앱이며 다른 SNS 서비스들과 견주어봐도 전혀 부족함이 없는 사용자들을 보유하고 있습니다. 10위권 안에 들어온 앱이라 하면 보통 월간 사용자가 1000만명 이상이 된다고 볼 수 있습니다. 밴드는 카카오스토리, 페이스북과 같은 대표 SNS와 어깨를 나란히 하고 있는 SNS 서비스입니다.
　밴드는 1000만명 이상의 월간 사용자 수를 유지하고 있지만 국내 시장이 크지 않기 때문에 더 이상 회원수가 늘어나는 것은 기대하기 힘듭니다. 그래서 캠프 모바일(밴드 운영 회사)측은 해외 시장에 더욱 주력하고 있는 것으로 보이긴 합니다. 국내에서 회원을 더 이상 확보하기 힘들다는 판단 때문일 것입니다.
　밴드 자체에서 국내 회원을 더 이상 모으긴 힘들겠지만 같은 회원수를 자랑하는 페이스북, 카카오스토리와는 다른 점이 있습니다. 앞서 설명드린 진입 장벽 덕분에 경쟁 사업자와 마케터가 상대적으로 없다는 것이죠. 월 사용자 수의 시장성에 비해서 아직까지 밴드는 상업화가 많이 되지 않아서 회원들의 반응도 좋은 편입니다. 이러한 점들이 밴드의 현재와 미래의 가능성이라고 볼 수 있습니다.

● 그림3. 네이버 밴드, 인스타그램, 유튜브

　밴드 외에도 일반 유저들은 이미 많이 이용하고 있지만 마케터와 사업자가 상대적으로 이용하지 않고 있는 SNS 마케팅 채널들이 있습니다. 대표적인 채널이 인스타그램, 유튜브 등의 채널이 있습니다. 유튜브를 넣은 이유는 앞으로 동영상 마케팅이 국내에서 빠른 속도로 활성화될 것이 확실하기 때문에 포함을 하였습니다.

02
밴드를 주로 사용하는 회원들의 데이터 분석

밴드를 실제 사용하는 회원 데이터 분석

밴드는 젊은층이 주로 이용하는 SNS와 다르게 40대 이상의 연령이 가장 많이 활동하고 있습니다. 물론 30대도 20% 가까이 사용하고 있지만 활발하게 활동하는 연령층은 40 ~ 50대입니다. 일반적인 사업 아이템들은 젊은 친구들보다는 30대 이상의 주 소비층을 타겟으로 홍보하는 경우가 많습니다. 페이스북, 인스타그램 같은 젊은층이 많이 사용하는 SNS에서는 30대 이상을 타겟으로 잡을 때 홍보하기 어려운 감이 있는데요.

밴드는 30, 40대 이상의 소비력이 강한 연령대를 타겟으로 홍보하기에 적절한 SNS라고 할 수 있습니다. 반대로 30대 이하의 젊은층을 타겟으로 홍보하는 사업자나 마케터라면 밴드가 적합하지 않을 수도 있다는 결론이 나오게 됩니다. 10, 20대를 주타겟으로 홍보한다면 페이스북, 인스타그램과 같은 젊은층이 주로 쓰는 SNS에서 홍보하는 것이 더욱 좋은 결과가 있을 것입니다. 밴드를 마케팅 채널로 고려하실 경우 연령 데이터를 참고삼아 선택하시는 것도 좋은 방법입니다.

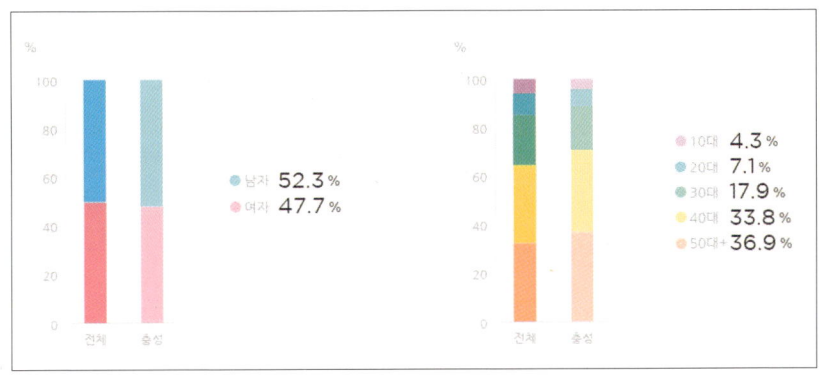

● 그림1. 네이버 밴드 사용자 성별/연령 분포도
(출처 : 와이즈앱)

03
폐쇄형 SNS(밴드 마케팅)의 강점과 약점

인내의 시간이 필요한 밴드

전체적으로 밴드의 어려운 점을 다시 살펴보면 어려운 만큼 효과도 많이 있다는 것을 알 수 있는데요. 가능만 하다면 폐쇄형 SNS인 밴드 마케팅은 효과가 높다는 것을 알 수 있지만 효과가 나오기까지 생각보다 많은 투자가 들어간다는 걸 알 수 있습니다. 그리고 회원을 관리해 본 경험이 없는 분은 적응하는데 시간이 꽤 걸리기도 하고요.

강 점	약 점
회원이 모이면 효과가 좋다.	회원을 모으기 어렵다.
회원들과 끈끈해진다.	시간이 많이 들어간다.
관리만 잘하면 오래도록 안정되게 매출을 이끌어 낸다.	회원을 관리하기 어렵다.
경쟁이 덜하다.	진입장벽이 높다.

● 표1. 네이버 밴드(폐쇄형 SNS)의 강점과 약점

앞으로 책에서 소개하는 내용을 모두 습득하여 내 것으로 소화할 수 있다면 위의 약점을 모두 커버하고 남을 만큼 강점의 효과가 있을 것입니다. 다음 3장부터 본격적으로 밴드 마케팅을 진행하는 방법을 소개하겠습니다.

제 3장

"밴드로 돈 버는 방법 3가지"

01
시작과 동시에 수익화하는 방법

목표는 단기 매출! 밴드 마케팅 시작 즉시 매출 만들기

밴드 마케팅을 하는 궁극의 목적은 내 아이템의 타겟 대상 회원을 많이 모으는 것입니다. 하지만 앞서 소개한 대로 회원을 모았다고 해서 수익이 자동으로 따라오는 것이 아닙니다. 밴드를 운영하기 이전부터 어느 정도 회원을 모아서 구체적으로 어떻게 수익화를 할 것인지 구체적인 계획이 나와있어야 하는거죠. 그렇지 않으면 회원은 모았지만 수익화는 잘 안되는 아이러니한 상황이 펼쳐지게 됩니다. 그래서 밴드로 돈 버는 방법의 첫 번째인 처음부터 수익화하는 방법을 간략히 소개합니다. 처음부터 수익화를 한다는 것은 회원들을 대상으로 곧바로 물건 판매를 시작한다는 건데요. 즉시 수익화하는 것에는 장단점이 있습니다. 왜냐하면 밴드는 쇼핑몰이 아닌 SNS이기 때문이죠. 처음부터 수익화를 어떻게 하는지와 또 어떠한 장단점이 있는지 말씀 드리겠습니다.

상업 밴드의 단점 vs 장점

밴드를 운영하는 관리자의 운영 목적과 초점에 따라서 최초에 회원 가입률이 일단 달라지게 됩니다. 상식적으로 생각해 보면 밴드 운영자가 물건을 처음부터 판매한다는 목적으로 밴드를 꾸미고 콘텐츠를 운영한다면 회원 가입을 하려는 분들은 상업적이라는 것을 알기 때문에 해당 제품에 관심이 있는 분이 아니라면 굳이 가입을 할 필요가 없게 됩니다. 이러한 이유 때문에 처음부터 수익화를 목표로 밴드를 운영하는 분은 회원 가입을 유치하기가 쉽지 않습니다. 순수한 커뮤니티 목적의 정보 제공성으로 운영하는 밴드와는 회원 가입을 만드는 난이도 자체가 달라지게 되죠. 이렇게 상업 밴드는 정보성·커뮤니티 밴드의 성격보다는 회원 가입을 만들기가 어렵긴 하지만 반대로 내 제품에 관심이 없는 사람은 가입을 하지 않기 때문에 고객 필터링이 자연스럽게 이루어집니다. 상업 밴드에 가입하는 사람은 기본적으로 내 제품에 관심이 있기에 회원 수 대비 판매율은 올라갈 확률이 높은거죠. 그리고 상업 밴드이기 때문에 정보성·커뮤니티 밴드와 다르게 평소에 올리는 콘텐츠는 내 제품 위주로 올라가게 되어서 콘텐츠를 따로 생산하는데 에너지를 투자할 필요가 없습니다. 오로지 내 제품의 정보를 생산하는데 집중하고 판매하는 글만 올리면 되는 것이죠. 상업 밴드의 장점은 이처럼 처음부터 수익화를 할 수 있다는 이점이 있지만 장기적으로 많은 잠재 고객을 확보하는데 어려움이 있고 SNS 채널에서는 너무 상업화가 오래 지속되면 오래 가지 못하는 단점이 있긴 합니다. 힘들겠지만 회원들에게 좋은 정보를 제공하고 지속적으로 진심이 담긴 소통을 이어나갈 필요가 있다는 것이죠. 이래서 처음엔 상업화를 하다가 점점 진행하면서 자연스럽게 정보성·커뮤니티 밴드를 섞어서 운영하는 밴드 운영자들도 있습니다.

● 그림1. 네이버 밴드 패션 쇼핑 밴드
 (출처 : 여우들의 심쿵 쇼핑 밴드)

[그림1]의 밴드가 대표적인 패션 상업화 밴드입니다. 애초에 밴드 배경 커버부터 상업 밴드라는 것을 회원들에게 공식화하고 있습니다. 이 곳에 회원 가입을 하는 회원은 물건을 사기 위해 가입을 하고, 활동하는 것도 이쁜 옷을 구매하려고 활동하는 것이죠. 이처럼 처음부터 상업화하는 것이 눈에 보이게 매출이 빠르게 올라가기 때문에 현재 밴드 운영자들의 대부분이 상업 밴드를 운영하고 있습니다. 당장 매출이 급하다면 이렇게 상업 밴드로 처음부터 운영을 해서 업그레이드를 해 나가면 될 것이고, 당장 매출이 필요하지 않다면 매출보다는 회원을 확보하는데 주력하면 될 것입니다.

필자는 상업 밴드로 시작을 하긴 했지만 너무 상업적인 느낌을 주기보다 양질의 정보와 커뮤니티 소통에 굉장히 애를 썼기 때문에 회원들이 오히려 고마워 하는 분들이 많습니다. 이렇게 운영을 했던 이유는 충성 회원을 만들려 함이였으며 오래오래 밴드를 운영하고 싶었기 때문입니다.

대부분의 밴드 운영자들이 상업 밴드를 많이 하고 있지만 남들이 많이 한다고 해서 무조건 따라가는 것이 아닌, 뒤 내용을 더 자세히 읽어보신 후 나에게 맞을 것 같은 수익의 방향을 찾아보는 것이 유리할 것입니다.

02
수익은 나중!!
회원부터 모으는 방법

목표는 타겟 잠재 고객의 대량 확보!

현재 운영 중인 밴드를 이 방법으로 초반에 많이 키웠는데요. 초반부터 수익화를 하기보다는 순수 정보성 콘텐츠를 매일 매일 꾸준히 공급하면서 회원들이 가입하고 들어와서 활동할 때 "운영자가 굉장히 많은 정성을 들이고 우리를 배려하는구나~" 라는 생각을 회원들이 할 수 있도록 정성을 많이 들였습니다. 10개의 글을 올린다면 1~2개만 상업/이벤트 글이고 7~8개는 양질의 정보 글을 계속 올려주었습니다. 회원들의 댓글에도 일일이 전부 친절히 답글을 달아주었고요. 그렇게 몇 주 몇 달이 지나니 [그림1]의 회원처럼 긍정적인 댓글이 많아지고 그와 더불어 자연스러운 고객 상담이 늘어나게 됐습니다. 가장 기분이 좋았던 댓글은 "단희쌤 부동산재테크 밴드는 다른 부동산 밴드랑 다르게 따뜻하고 사람 향기가 납니다." 라는 댓글이었습니다. 고객들이 부동산을 바라보는 시선이 굉장히 부정적이고 사기꾼처럼 보는 분들이 많은데, 우리 부동산재테크 밴드는 그렇게 보이고 싶지 않았습니다. 의도한 대로 정성을 들이고 회원들에게 진심으로 대하니까 회원들도 느끼게 된 것이죠. 이 때의 기분은 무어라 표현할 수 없을 정도였습니다.

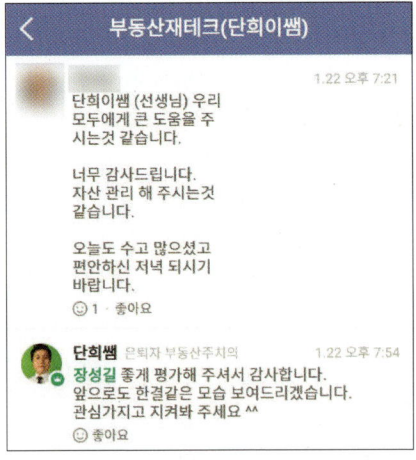

● 그림1. 회원들의 댓글 반응

제가 운영하고 있는 부동산재테크 밴드는 현재 부동산 밴드에서 회원 수도 독보적으로 가장 많으며 회원 수뿐만 아니라 올리는 글에 대한 반응도 굉장히 높습니다. 오히려 다른 부동산 업체에서 광고글을 올려달라, 수천만 원을 지불할 테니 제휴를 해달라는 여러 가지 달콤한 제안이 있었지만 단 한 번도 광고성 글을 올린 적은 없습니다. 이 밴드의 원칙은 오로지 회원들에게 양질의 콘텐츠를 제공하는 것이기 때문이죠.

보신 것처럼 처음부터 상업화를 하지 않고 양질의 정보와 댓글로 회원들과 계속 소통을 하면 글에 대한 반응도 높고 충성 회원이 많아지는데요. 단점은 인력과 시간이 많이 투자된다는 것입니다. 미래를 생각한다면 충분히 투자할 가치가 있지만 당장 매출이 급한 업장에서는 이렇게 운영하는 것이 힘들 것입니다.

● 그림2. 회원들의 게시글 조회 수 평균 4천 ~ 5천

SNS 마케팅을 운영하려는 사업자와 마케터는 목표가 비슷합니다. 적은 비용과 시간 투자를 하며 최대한의 마케팅 효과를 얻으려고 하는 것이죠. 세상에 공짜가 없듯이 SNS에서 처음부터 상업화를 강하게 하면 매출은 빠르게 오르지만 오래 버티긴 힘들고 반대로 순수 정보를 계속 공급하고 회원들과 소통하면 충성 회원들이 늘어나 나중에 매출을 쉽게 만들 수 있지만 당장의 매출에 크게 도움이 안되는 단점이 있습니다. 정보성·커뮤니티 밴드는 제대로 수익화를 하려면 최소 2~3개월 이상의 기간이 필요하고, 6개월 ~ 1년 정도가 되어야 안정권에 들어온다 생각하시면 됩니다. 여러 가지 업장 상황을 고려해 어떠한 방향이 현재 나에게 맞는지 판단을 해보시기 바랍니다.

03
대형 밴드 활용
"제휴 마케팅"

내가 못하면 다른 밴드와 제휴를 하라

마케팅 상담을 하다 보면 도저히 여건 상 직접 온라인 마케팅을 못하는 사업주들과 마케터가 있습니다. 현재 하는 일이 너무 많아 시간이 없거나 광고비가 부족한 경우가 그런 케이스인데요. 이런 상황에서는 제휴 마케팅을 권장할 때가 많습니다. 온라인에서 아이템은 없지만 사람을 잘 모으고 홍보를 잘하는 마케터가 꽤나 있기 때문인데요. 이런 마케터를 제휴 마케터라 부릅니다. 밴드도 아이템 없이 회원들을 모아두고 판매자의 제품을 양도받아 중간에서 회원에게 판매를 중계해 주고 수수료를 가져가는 마케터가 꽤 있습니다. 내가 밴드 회원을 모아서 홍보하기 힘들다면 이러한 밴드 운영자를 찾아서 제휴를 통해 판매를 하는 방법도 있습니다. [그림1]의 블랙마켓 공동구매 밴드가 밴드 내에선 가장 대형화된 공동구매 밴드인데요.

● 그림1. 대표 공동구매 밴드 "블랙마켓"

주연 홈쇼핑이라는 제법 큰 기업에서 수십, 수백 개의 블랙마켓 밴드를 운영하고 있습니다. 이러한 대형 밴드들이 물건을 나 대신 팔아주면서 적지 않은 수수료를 챙겨가기에 직접 제조를 하지 않고 유통만 하는 분들은 마진이 안 남을 경우도 있습니다. 정확한 수수료는 업체마다, 아이템마다 다르기 때문에 관심이 있는 분은 직접 알아보셔야 합니다. 블랙마켓과 같이 전문화된 공동구매 밴드와 소통을 하면 체계화된 시스템이 있기 때문에 안정적이지만 수수료를 좀 더 많이 가져가게 됩니다.

● 그림2. 공동구매 밴드 "블랙마켓"의 상품 판매글

저 같은 경우는 수강생들에게 공동구매 운영자들만 전문으로 소개하는 유통 밴더를 가끔 소개하기도 합니다. 이 또한 밴더가 수수료를 중간에 챙겨가겠죠? 이것도 싫다면 [그림3]의 이미지처럼 밴드 내에서 내 타겟 내 아이템에 알맞는 밴드를 직접 찾는 것도 좋은 방법입니다. 손이 많이 가지만 직접 찾는 것이기 때문에 내 아이템 타겟에 잘 맞는 밴드를 찾을 확률이 높을 것이고 굉장히 적극적일 수 밖에 없죠. 해당 제휴 밴드를 찾는건 어렵지 않게 밴드 내에서 찾을 수 있으니 큰 문제는 없지만 밴드 운영자와 제휴를 맺을 시는 판매 고객센터 전화번호나 운영자와 1:1채팅을 통해서 접촉을 시도해 보아야 됩니다. 운영하는 밴드를 살펴 봤을 때 순수하게 정보로만 운영되고 상업성이 배제되어 있다면 운영자가 제휴 마케팅 자체를 받아들이지 않으니 참고하셔야 합니다.

● 그림3. 대형 밴드 찾기

　수강생 중 한 분은 건강 기능 식품을 직접 제조하셨는데 제조만 하시고 마케팅을 하시는 방법을 잘 몰라 저에게 찾아오신 분이 있었습니다. 그 분께는 온라인에서 밴드를 포함한 여러 마케팅 채널에 제휴 마케팅을 통해 판매하는 방법을 말씀드렸고 초기 들어가는 비용없이 판매당 수수료를 공유하는 방식이라 안정적으로 초기 현금 흐름을 만드셨습니다. 큰 매출은 아니지만 이처럼 본인이 직접 마케팅을 하지 않고 제휴를 통해 매출을 만드시는 분도 상당히 많으니 제휴 마케팅도 적극 활용하시기 바랍니다.

제 4장

"처음부터 이기고 시작하는
밴드 운영 방향"

01
경쟁 밴드 조사 & 분석

밴드의 기본은 시장 조사

어떤 사업이든 마찬가지겠지만 밴드에서도 처음엔 시장 조사를 하는 것이 첫 번째 순서입니다. 시장 조사를 하는 이유가 여러 가지이지만 밴드에서 조사를 하는 이유는 경쟁을 되도록 피하려는 이유입니다. 온라인은 고객의 이동이 굉장히 쉽기 때문에 승자 독식 구조로 많이 돌아갑니다. 1등 업체가 대부분의 매출을 가져가는 특징이 있는데요. 밴드도 마찬가지의 특징이 있습니다. 그렇기 때문에 되도록 비슷한 운영 방향 콘텐츠 컨셉은 피하는 것이 좋고 경쟁 밴드를 조사하다 보면 내 밴드는 이렇게 운영해야겠다는 아이디어도 많이 나옵니다. 다른 밴드를 조사하다 보면 장, 단점이 보이기 때문에 많은 공부가 되죠. 그렇다면 구체적으로 다른 밴드의 어떤 점을 조사해야 하는지 하나하나씩 설명을 드리겠습니다.

경쟁 밴드 찾는 방법

● 그림1. 밴드 홈 화면 우측 상단 돋보기 버튼 누르기

다른 밴드를 찾는 방법은 굉장히 간단합니다. 밴드 앱을 통해 처음 홈 화면에 들어가면 [그림1]의 우측 상단 돋보기 모양을 누르시면 됩니다. 돋보기 버튼을 누르면 밴드 내에서 운영 중인 모든 밴드를 검색해서 찾을 수 있습니다. 개설된 밴드 중에서 나한테 적합한 밴드를 찾으면 됩니다.

● 그림2. 관심사 키워드 밴드 찾기 & 주제별 밴드 찾기

밴드를 찾는 방법은 크게 두 가지인데요. 내 타겟들이 관심 있어 하는 주제의 검색어를 입력해서 구체적으로 찾는 방법이 있고 밴드에서 운영 주제에 따라 카테고리 별로 정리한 주제별 밴드 찾기도 있습니다. 처음에 어떤 밴드부터 찾아야 될지 잘 모르겠다면 주제별 밴드 찾기를 통해 찾으면 되고 명확한 주제가 있다면 키워드를 통해 찾는 게 더 나을 것입니다.

[그림3]의 화면은 다이어트라는 관심사 키워드로 전체 밴드를 찾아본 화면입니다. 해당 검색어를 입력하면 그 관심사 밴드 안에서 가장 활동성이 높은 밴드 위주로 순서대로 정렬해주기 때문에 상단에 있는 밴드부터 차례대로 들어가서 살펴보면 됩니다. 하지만 인원이 많다고 해서 회원들의 활동이 활발하지는 않기 때문에 뒷부분의 상세 조사 방법을 참고하세요.

● 그림3. 관심사 키워드 밴드 찾기 화면

주제별 밴드 찾기 화면은 심플합니다. 내 타겟 고객이 가장 많이 활동할 것 같은 주제를 몇 개 정해서 들어가면 해당 주제 안에서 인기 밴드를 자동 정렬해서 보여줍니다. 자동 정렬을 해주기 때문에 쉽게 검색할 수 있습니다. 주제를 찾을 때는 내 아이템과 연결을 해서 생각하지 마시고, 타겟 고객 입장에서 관심 있어 하는 여러 주제를 살펴보는 것이 좋습니다.

● 그림4. 주제별 밴드 찾기 화면

경쟁 밴드 상세 분석

관심사 키워드 검색과 주제별 밴드 찾기를 통해서 어렵지 않게 경쟁 밴드를 찾을 수 있을텐데요. 리스트를 전부 정리하고 우선 순위에 맞게 정렬한 다음 순서대로 밴드 하나하나를 상세하게 분석해 보길 권장합니다. 어떤 부분들을 분석하여 내 밴드에 적용해야 하는지 차례대로 설명드려 보겠습니다.

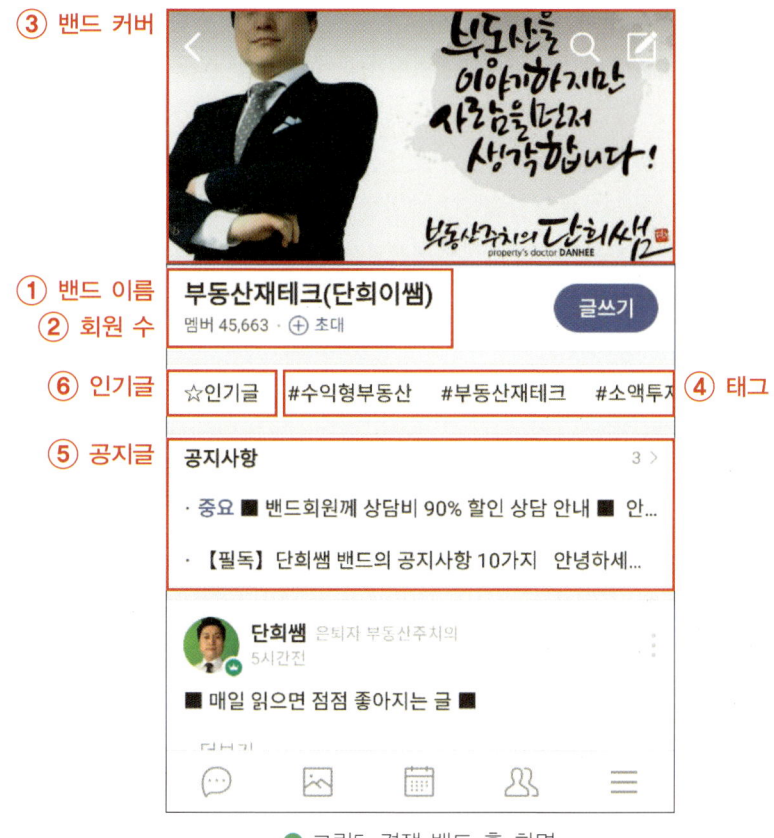

● 그림5. 경쟁 밴드 홈 화면

▶ 밴드 분석 요소

❶ 밴드 이름

밴드의 이름은 이 밴드가 상업적인 밴드인지 혹은 정보성 밴드인지 구분할 수도 있고 어떤 대상을 타겟으로 콘텐츠를 운영하는지도 알 수 있습니다. 그리고 밴드 이름 자체가 밴드명 검색에도 노출되기 때문에 살펴볼 필요가 있습니다. 대부분 비슷한 밴드명을 만드는 운영자가 많은데, 이 점은 내 밴드에 결코 좋지 않습니다.

❷ 회원의 숫자

밴드를 운영하는데 가장 중요한 요소 중 하나가 바로 회원이겠죠. 경쟁 밴드의 회원 규모가 어느 정도이냐에 따라서 내 밴드에 미치는 영향력도 다르기 때문에 반드시 보셔야 합니다. 여러 밴드를 분석하다 보면 생각보다 내 분야의 큰 밴드들이 없을 수도 있고 많을 수도 있습니다. 큰 밴드가 없다면 아직 시장이 만들어지지 않았기 때문에 기회가 있지만 스스로 개척을 해야 하는 어려움이 있으며 경쟁 대형 밴드가 많은 경우 따라 가게 되면 승산이 없으니 틈새 시장을 반드시 찾아야 생존할 수 있습니다.

❸ 밴드 홈 커버 배경화면

밴드 홈 커버는 기업의 명함과도 같습니다. 그만큼 중요한 부분인데요. 이름에서 표현 못한 부분을 디자인을 통해 홈 화면에 드러내는 운영자들이 많으니 참고하셔서 내 밴드에도 활용하셔야 합니다. 그리고 밴드 이름과 다르게 홈 커버는 운영자 마음대로 변경이 가능하기 때문에 수시로 바뀌므로 주기적으로 주요 경쟁 밴드를 모니터링할 필요도 있습니다.

❹ 인기글 & 태그

인기글을 누르면 해당 밴드의 게시글 중에서 좋아요, 댓글, 공유 등의 반응이 가장 높은 글들만 순서대로 보입니다. 반응 좋은 콘텐츠를 벤치마킹하여 활용하기에도 좋고 경쟁 밴드가 어떤 콘텐츠 위주로 밴드를 운영하는지도 알 수 있습니다. 인기글에 상업 판매글이 있다면 경쟁 밴드 운영자가 상업화를 굉장히 잘하고 있다는 것이기 때문에 반드시 살펴볼 필요가 있습니다. 태그는 밴드의 단점을 보완하는 역할인데요. 밴드는 네이버 카페처럼 게시판 형태로 콘텐츠를 분류할 수 없기 때문에 각 콘텐츠마다 #수익형부동산 #부동산재테크 이런 식으로 해시 태그를 달아 놓으면 해당 태그가 걸린 게시물들만 따로 정렬이 됩니다. 인기글 우측에 있는 태그는 운영자가 중요하게 생각하는 대표 태그를 걸어둔 것이니 이것도 참고해야 합니다.

❺ 공지글

밴드에서 활동하는 회원은 PC보다는 핸드폰을 많이 사용하는데요. 이 설명을 드린 이유는 모바일에서는 공지글이 2개까지 노출 되고 PC에서는 3개까지 노출이 됩니다. 대부분 핸드폰으로 활동하는 회원이 많으므로 경쟁 밴드의 공지글을 보실 때는 상단의 2개글을 위주로 어떠한 공지글이 게시되어 있는지 보시면 됩니다. 공지글은 운영자가 이 밴드를 이렇게 운영하고 있다고 상세하게 글을 작성하므로 참고가 되기 때문입니다.

❻ 게시글 업로드 주기 & 표정, 댓글, 공유, 조회 수 확인

● 그림6. 게시글 업로드 주기 및 콘텐츠 반응 살펴보기

모바일 공간이다 보니 너무 무분별한 글을 올리면 오히려 회원들이 피곤해 합니다. 경쟁 밴드의 게시글 업로드 주기를 살펴보면서 내가 콘텐츠를 올릴 때는 하루에 몇 개의 글을 올리고 어느 시간 대에 올리는 것이 좋을지 확인을 하면 좋습니다. 그와 별도로 회원수 대비 표정, 댓글, 공유, 조회 수 등을 확인하면 이 밴드 운영자가 회원 관리를 잘 하고 있는지 못하고 있는지 쉽게 확인할 수 있습니다. 그리고 각 콘텐츠들의 반응을 보면서 내 타겟들이 좋아하는 콘텐츠를 파악할 수 있습니다. 실제로 직접 콘텐츠를 올릴 때 벤치마킹할 수 있는 요소들이 많으니 아이디어 소스를 DB화해서 저장해 두시면 추후에 많은 도움이 됩니다.

❼ 댓글 반응 확인

회원들이 충성 회원인지 뜨내기 회원인지 쉽게 파악하는 법은 댓글의 내용을 보면 됩니다. 뜨내기 회원들의 반응은 부정적인 댓글 뿐만 아니라 콘텐츠에 반응하는 가벼운 댓글이 많은 반면 충성 회원이 많이 확보되어 있는 회원은 운영자들에 대한 긍정적인 피드벡의 댓글이 대체적으로 많고 연예인들의 팬과 같은 반응이 많은 편입니다. 제휴 마케팅을 생각하는 업체라면 해당 밴드와 제휴를 해도 될지의 여부는 댓글의 반응을 보는것도 좋은 방법입니다. 경쟁 밴드를 조사할 때도 댓글을 살펴 보지만 자신이 직접 운영 중인 밴드를 조사할 때도 유용한 방법이니 유의 깊게 회원들의 댓글 반응을 살펴보시기 바랍니다.

● 그림7. 댓글 내용 확인

▶ 밴드 분석 요소 재정리

❶ 밴드 이름
❷ 회원의 숫자
❸ 밴드 홈 커버 배경화면
❹ 인기글 & 태그
❺ 공지글
❻ 게시글 업로드 주기 & 표정, 댓글, 공유, 조회 수 확인
❼ 댓글 반응 확인

크게 7가지 요소들을 분석해야 한다고 설명을 드렸는데요. 이렇게 각 경쟁 밴드를 상세하게 분석하고 난 후 내 밴드의 운영 방향을 정하게 되면 좀 더 빠르게 수익화를 할 수 있으며 장기적으로 내 밴드를 운영하고 생존시키는데 도움이 될 수 밖에 없습니다. 꽤나 많은 시간이 들어가지만 반드시 이러한 조사의 단계를 거치시기 바랍니다.

02
수익에 최적화된 밴드 운영 컨셉 설정

치열한 경쟁 속 살아남는 방법

산업계 전반적으로 기업들의 경쟁은 심해지고 있습니다. 언론들의 기사를 보면 해마다 경기는 어렵다고 합니다. 따지고 보면 우리나라 경제가 최근에 경기가 좋았던 적이 있긴 했는지 가물가물합니다. 경기는 항상 어렵다 하지만 이런 상황 속에 돈을 버는 사람은 잘 벌고 있습니다. 남들이 어렵다 할 때 어렵구나~ 하고 그 흐름에 묶여 가기 보다는 이러한 상황 속 생존을 하는 방법을 배우는 것이 낫겠죠? 일단 경쟁을 하기 보다는 피하는 것이 상책입니다. 이제 막 시작하는 스타트업이나 창업 초기 기업은 인력과 자본이 부족하므로 대기업이나 업계 선두 기업을 따라가서는 절대로 안됩니다. 큰 기업들과 선두 기업들이 하지 못하는 틈새를 찾아서 들어가야죠.

● 그림1. 매트릭스 영화 프로그램 코드

뜬금없이 매트릭스 영화 프로그래밍 코드를 보여드렸습니다. 저 복잡한 컴퓨터 언어를 보면 어떠한 생각이 드시나요? 복잡하고 무슨 말인지 모르겠죠. 우리가 상대하고 있는 소비자들의 머릿속이 바로 저 상태라고 생각하시면 됩니다. 정보의 홍수 속에 살고 있는 소비자들은 각 기업들의 광고에 진절머리가 나있고 너도나도 내 제품이 잘났다고 떠드니 기업들의 광고를 잘 신뢰하지 않고 본인들과 비슷한 소비자들의 후기를 따라가고 있습니다. 혹시 이 책을 보는 여러분의 머릿속도 저렇게 복잡하지는 않으신지요? 이러한 혼돈의 사회 속에서 우리는 소비자를 어떻게 대해야 할까요? 그 답은 김밥천국에 있습니다. 뚱딴지 같은 소리 같지만 예를 들어 설명을 드려보겠습니다. [그림2]의 김밥천국 메뉴판을 보시면 어떤가요? 매트릭스 영화 장면처럼 복잡해서 어떤 메뉴를 골라야 할지 모르실 겁니다. 음식점에 가서 메뉴가 너무 많아 고민한 경험이 있으실 텐데요.

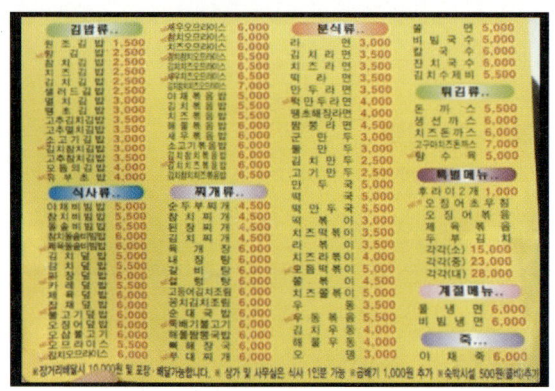

● 그림2. 김밥천국 메뉴판

● 그림3. 김밥 전문점 "로봇김밥"

[그림2]의 김밥천국 메뉴와 [그림3]의 김밥 전문점 로봇김밥을 비교해 보면 어디 김밥이 더 맛있을 것 같나요? 김밥만 전문으로 만드는 로봇김밥의 맛이 더 좋을 것 같지 않나요? 그리고 브랜드가 더 가치있게 보이고요.

다시 매트릭스 영화로 돌아와 말을 이어 가보면 지금 소비자들의 머릿속은 정보의 홍수 속에 살고 있기 때문에 너무 많은 정보를 원하지 않습니다. 정보는 이제 누구나 쉽게 접할 수 있고 이 시간에도 무수히 많이 생성되고 있기 때문이죠. 요즘 소비자들은 많은 정보보다는 현재의 내 상황에 맞는 요약된 간략한 정보를 원하며 전문 서비스를 원하고 있습니다. 이러한 이유 덕택에 온오프라인 산업 전반적으로 특정 대상만을 위한 전문 상품, 전문 서비스가 계속 생겨나고 있습니다. 창업가들과 스타트업들은 대기업들이 전체 시장을 내다 보며 느리게 행동할 때 소비자들이 원하는 전문 서비스를 찾아 하나만 집중 개발해 판매하는 린스타트업(Lean Startup) 전략을 펼치고 있습니다.

이러한 전략은 큰 트렌드 중 하나인데요. 대기업들 조차도 사내의 프로젝트 TF팀을 만들어 사내 스타트업 기업들을 키우고 있는 방향으로 많이 전환하고 있습니다. 소비자들이 원하는 전문 서비스들을 만들어내기 위해서죠. 그렇다면 우리는 어떻게 해야 할까요? 밴드를 개설하든 내 비즈니스 방향을 정하든 내가 타겟으로 하는 특정 소비자들을 위해서 제공할 수 있는 전문 상품! 전문 서비스! 전문 콘텐츠를 제공해야 하지 않을까요? 일례로 엄마들이 가장 많이 모여있는 커뮤니티 중 하나인 네이버 맘스홀릭 카페는 회원이 200만명이 넘지만 특정 지역을 기반으로 모여있는 "부천맘, 분당맘, 판교맘, 일산맘, 파주맘" 각 지역의 수만명 카페보다 영향력은 덜합니다. 왜 이런 결과가 나오게 될까요? 각 지역 안에서 특정 대상만을 모았기 때문에 전국의 영향력은 없지만 해당 지역 안에서는 엄청난 영향력이 생기게 되는 것이죠. 그래서 수익화에도 많은 도움이 됩니다.

● 그림4. 큐레이션

밴드의 운영 방향을 정할 때도 이 부분은 굉장히 중요하니 꼭 참고하시어 운영 컨셉을 정하시기 바랍니다. 더욱 자세히 파악하고 싶은 분은 큐레이션(Curation)이라는 책을 통해 살펴보시면 이 흐름을 자세히 이해하는데 도움이 되실겁니다.

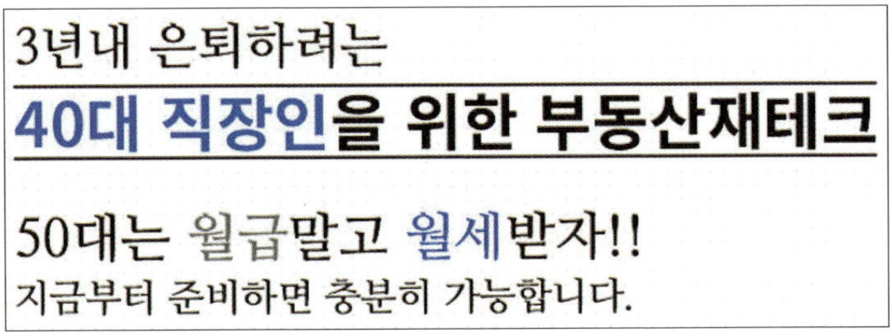

> **3년내 은퇴하려는**
> **40대 직장인을 위한 부동산재테크**
>
> **50대는 월급말고 월세받자!!**
> 지금부터 준비하면 충분히 가능합니다.

● 그림5. 부동산재테크 컨셉

위 [그림5]는 필자와 부동산재테크 파트너가 운영하고 있는 사업의 메인 컨셉입니다. 이 컨셉은 현재 부동산재테크 밴드에도 그대로 적용되어 있습니다. 이 컨셉에 따라 모든 제품과 서비스 콘텐츠들이 움직이기 때문에 사업을 영위하고 수익화하는데 큰 도움이 되고 있습니다. 이러한 컨셉이 명확히 정해지지 않으면 밴드 자체의 초점이 없어지기 때문에 어느 정도 가이드를 정하고 가시길 권장합니다.

이렇게 수익화에 알맞고 치열한 경쟁 속에서 생존하기 위해서 앞서 경쟁 밴드를 조사하는 방법을 설명드린 것이고, 이것만으로 부족하다면 아래 표1의 사이트를 참고하셔서 시장 조사를 해보시기 바랍니다.

❶ 통계청　http://kostat.go.kr/
　　(각종 정부 자료 통계 무료 열람 가능)

❷ 와이즈앱　http://wiseapp.co.kr/
　　(국내 안드로이드 앱 사용자 빅데이터 무료 분석)

❸ 네이버 데이터랩　http://datalab.naver.com/
　　(네이버 검색 빅데이터 분석)

❹ 네이버 키워드도구　http://searchad.naver.com/
　　(무료 광고주 가입 후 네이버 키워드 상세 분석)

❺ 시밀러웹　https://www.similarweb.com/
　　(PC, 모바일 사이트 트래픽 분석)

● 표1. 온라인 시장 조사를 위한 빅데이터 사이트

상업 밴드 운영 컨셉

상업 밴드를 운영하면 수익화에 빠르게 도움이 되지만 장기적으로 오래가기 힘들다고 소개를 드렸습니다. 이러한 단점을 커버하기 위해 상업 판매글과 병행을 하여 긍정적인 관심을 유도할 수 있는 운영자를 소개하는 글과 회원들에게 도움이 되는 알토란 같은 정보성 소통 콘텐츠를 가끔씩 섞어주면 회원들의 반응이 조금은 반등하게 됩니다. 마음이 급한 것이야 이해가 되지만 상업화를 통해서도 오래오래 운영을 하고 싶다면 회원들의 입장도 고려하여 SNS답게 소통을 이어 나가는 것도 좋은 방법입니다.

정보성 밴드 운영 컨셉

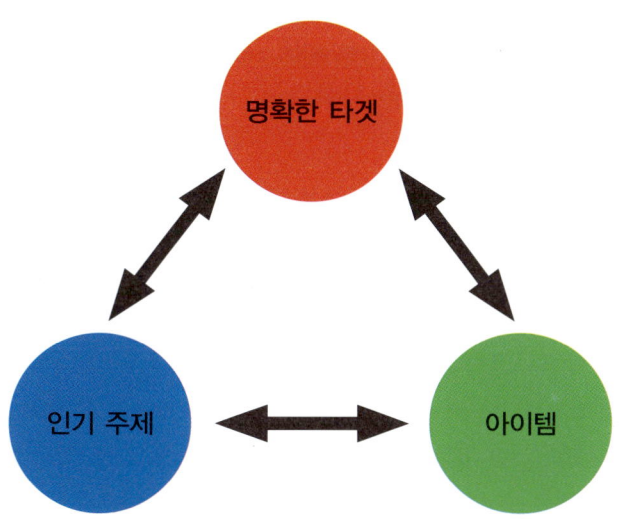

 정보성 밴드를 운영하는 목적은 초반에 상업화를 하지 않는 대신 양질의 정보를 통해 많은 잠재 고객 회원을 대량으로 확보하는 것인데요. 문제는 회원을 확보하고 나서 수익화를 최대한 자연스럽게 연결해야 한다는 것입니다. 그렇게 하기 위해서는 위에 보이는 그림처럼 최초에 명확한 타겟이 설정되어 있어야 하고(타겟 설정법은 4-3에서 자세히 설명을 드립니다.), 타겟들이 좋아하는 인기 주제의 정보를 밴드에 올리는 것이 당연히 좋겠죠. 인기 주제의 글은 경쟁 밴드를 조사하면 쉽게 파악이 되지만 인기 주제가 내 아이템과 연관성이 없다면 추후 판매글을 올릴 때 회원들의 반응이 싸늘해지게 됩니다.

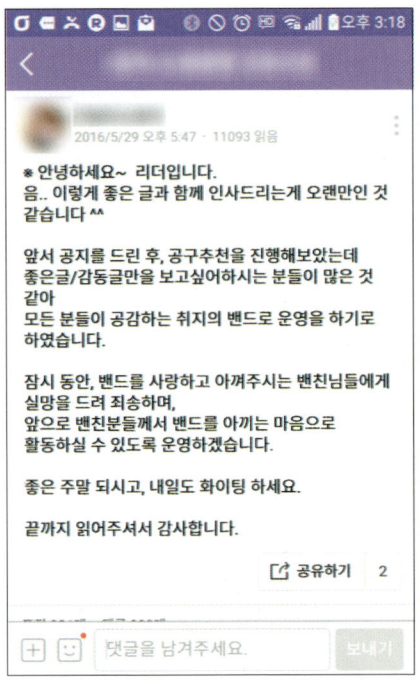

● 그림6. 명언밴드 공구 진행 사과글

[그림6]에 보시면 명언밴드에서 공동 구매 판매를 추진하다가 회원들의 반발로 사과글까지 올리게 된 상황입니다. 저 명언 밴드는 회원이 9만여 명이나 있는데 수익화를 제대로 하지 못해 난항을 겪고 있었습니다. 우리도 이렇게 되지 않으려면 처음부터 제대로 운영을 해야 하는데요.

위 밴드 운영자가 잘못한 것은 평소에는 좋은글 명언만 올리다가 갑자기 상업 공동 구매 판매글을 올린 게 잘못입니다. 판매글을 올린 자체가 잘못됐다기보다는 회원들이 받아들일 수 있는 준비를 하게 만들어야 하는데 마치 처음 만난 소개팅 대상에게 오늘 당장 결혼하자고 하는 것과 같이 당황스러운 상황이 연출되는 거죠. 이런 급작스런 상황을 피하기 위해 위 그림에서 보셨듯이 명확한 타겟들이 좋아하는 인기 주제를 최초에 연결하고 인기 주제가 내 아이템과 연관성 있는 콘텐츠이면 회원들이 크게 당황을 하지 않게 됩니다.

그리고 [그림7]처럼 공동 구매를 곧 시작하겠다는 예고글을 사전에 공지하여 회원들의 반응을 먼저 살펴보았다면 저런 사태까지는 가지 않았을 겁니다. 명언과 유머 밴드는 본래 상업화를 하기가 어려운 주제이기도 합니다. 회원을 모으기 쉽고 콘텐츠를 만들기 쉽긴 하지만 상업화가 힘들기 때문에 운영 주제를 선택할 때도 신중하셔야 합니다.

굳이 명언 밴드를 운영하고 싶다면 "주부들을 위한 명언"과 같이 특정 대상만을 위한 주제로 운영하시면 보다 더 수월할 겁니다. 앞서 설명드린 수익화에 알맞은 방향을 고려해서 밴드를 운영하시면 좀 더 수월한 매출 발생이 가능해지니 유의하시면 됩니다.

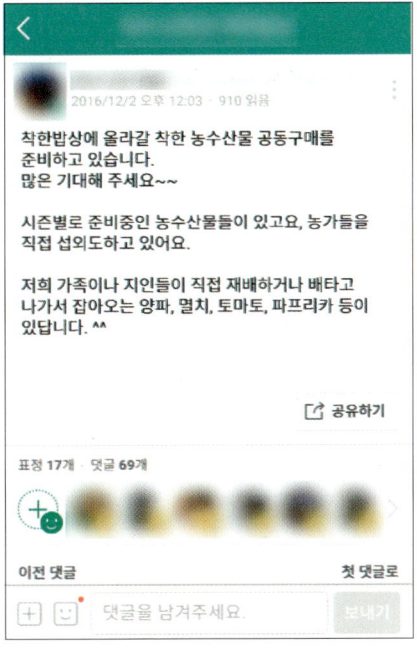

● 그림7. 공동 구매 예고 공지글

03 쉽게 모을 수 있는 타겟 설정

목표 최대 회원 수는 많지도 적지도 않게

내 밴드가 수익화에 성공하려면 회원이 몇 명이나 있어야 가능할까요? 강의 현장에서 수강생들에게 질문을 던져보면 대체로 최소 수천, 수만 명 이상을 이야기할 때가 많습니다. 밴드를 먼저 운영해 본 저의 입장으론 처음부터 너무 목표치를 크게 막연하게 잡고 있는 듯한 판단이 많이 들었습니다. 회원이 많으면 수익화에 당연히 도움이 되긴 하지만 회원 수보다 중요한 것은 정확한 내 타겟 대상이 밀집되어 있느냐가 더욱 중요한 요소입니다. 내 타겟 위주로만 모여있다면 단 수백 명 만을 가지고도 수익화가 가능한 것이 밴드 마케팅입니다. 막연히 많은 회원을 모으는 것을 목표로 하는 것은 망하는 지름길이니 내 타겟 위주로 꾸준히 계속 회원을 모으면 됩니다.

밴드 활동 회원

다음의 [그림1]을 보시면 밴드를 가장 많이 사용하고 있는 연령대는 40 ~ 50대입니다. 고로 밴드를 통해 마케팅하기에 가장 적합한 대상은 40 ~ 50대의 중장년층인데요. 30대도 20% 가까이 있어서 괜찮지만 10 ~ 20대는 밴드를 통해 마케팅하기에 좋은 채널은 아닙니다. 차라리 페이스북, 인스타그램, 스노우와 같은 젊은 사람들이 많이 쓰는 마케팅 채널을 활용하는 것이 더 좋겠죠.

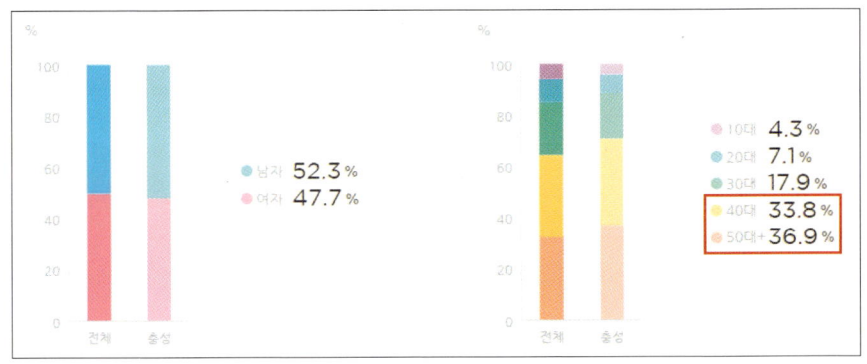

● 그림1. 네이버 밴드 사용자 성별/연령 분포도
(출처 : 와이즈앱)

　내가 상대하는 주타겟이 30 ~ 50대 안에 들어간다면 밴드로 마케팅을 해봐도 괜찮겠다 생각하시면 되고 좀 더 자세한 시장 조사를 통해 알아보시면 되겠습니다. 밴드를 통해 쉽게 모을 수 있는 회원은 10대나 20 · 30대보다는 40 ~ 50대이니 참고하여 타겟 설정을 하시기 바랍니다.

밴드 기본 타겟 설정

타겟을 정할 때는 컨셉을 정하면서 자연스럽게 정해지겠지만 기본적인 4대 타겟 요소를 설명 드리겠습니다.

❶ 연령
❷ 성별
❸ 관심사
❹ 지역

위 4가지 항목이 가장 기본적인 타겟 4대 요소인데요. 타겟 설정시에 ==연령==같은 경우는 ==가장 힘든 타겟== 설정이 되는 경우입니다.

"제 제품은 우리나라 사람이면 다 사용해야 합니다."
"제 타겟은 30 ~ 40대의 모든 여성들입니다."
"제 타겟은 중장년의 모든 남성입니다."

　이러한 상황이라면 마케터 입장에서 굉장히 곤란합니다. 마치 대기업처럼 온 국민을 상대로 홍보하겠다는 말과 다름이 없는 것인데요. 소기업일수록 타겟을 구체화하여 전문 제품 서비스를 제공해야 살아남을 확률이 많은데 애초부터 큰 기업들과 대놓고 경쟁을 하겠다는 뜻으로 들려 상담 자체가 불가능할 때가 많습니다. 그렇다면 구체화된 타겟은 어떤 형태일까요?

ex) 아이템 : 부동산재테크 교육 및 투자자문 컨설팅

1. 연령 : 40대 은퇴 직전의 직장인
2. 성별 : 남,여 모두 가능함
3. 관심사 : 직장 은퇴 후 노후 설계 및 제 2의 인생을 생각하는 분
4. 지역 : 서울, 경기, 인천 수도권 내

　현재 운영 중인 부동산재테크 비즈니스 타겟을 정의해 보았습니다. 어떤가요? 좀 더 명확해지니 그들을 위한 콘텐츠도 명확해지고 서비스 또한 확실해집니다. 밴드에서 모아야 되는 대상도 분명해지니 그들을 모을 수만 있다면 수익화에는 크게 무리가 없을겁니다. 그것을 이미 실현하고 있고요.
　이렇듯 초기 기업이 빠르게 안착하고 생존하는 방법은 타겟과 컨셉 등을 명확히 하여 시작하는 것이고 안정화가 되면 추후 타겟을 조금씩 넓혀가면 됩니다. 욕심을 버릴수록 생존할 확률은 높아지니 이전보다 타겟을 좀 더 명확히 하시면 좋겠습니다.

제 5장

"밴드 개설시 중요 관리 설정"

01
밴드 개설시
공개 타입 3가지 차이점 안내

밴드 개설 방법

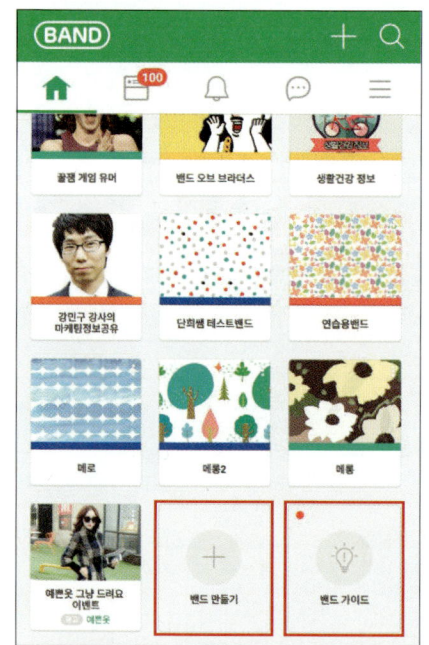

- 그림1(좌). 밴드 홈 화면 "밴드 만들기" 버튼 누르기
- 그림2(우). 밴드 본사가 운영 중인 BAND 가이드

밴드를 만드는 것은 1분 내로 만들 수 있지만 중요 설정이 몇 가지 있기 때문에 꼭! 참고해서 최초에 만드셔야 합니다. 자세한 설명은 잠시 후 뒷부분에서 설명을 드리겠습니다. 일단 기본적으로 개설을 어떻게 해야 하는지 간략히 설명을 드릴텐데요. 첫 밴드 홈 화면에서 가장 하단에 내려가면 "밴드 만들기" 버튼이 보이실 겁니다([그림1] 참고). 밴드 만들기 버튼 옆 밴드 가이드를 누르면 밴드 본사에서 직접 운영을 하는 밴드가 나오는데요.

초보 밴드 운영자들을 위해서 기본적인 매뉴얼들을 친절하게 이미지화해서 설명을 해두었습니다. 밴드의 기능들이 익숙하지 않은 운영자 분들은 기초 밴드 가이드를 보시면서 운영하면 어렵지 않게 적응할 수 있습니다. 이미 익숙해져 있는 분은 특별한 정보가 있진 않으니 굳이 들어가서 살펴보실 필요는 없습니다.

● 그림3. 밴드 종류 선택

밴드 만들기 버튼을 누르면 [그림3]처럼 밴드의 종류를 선택하는 화면이 나오는데요. "직접 만들기"를 통해 만드는 것이 좋으니 직접 만들기 버튼을 누르시기 바랍니다.

그 다음 단계에선 밴드 이름과 배경 커버를 설정하는데요. 밴드 회원이 5천 명 미만일 때는 운영자 마음대로 이름을 변경할 수 있으니 처음엔 크게 고민하지 말고 커버와 이름을 간략하게 설정하시기 바랍니다. 추후에 컨셉이 명확히 잡히면 이름과 커버를 운영 목적에 맞게 잘 설정하시면 됩니다. 이 단계에서 가장 중요한 것은 ==밴드 공개 타입을 설정하는 것==입니다.

● 그림4. 밴드 이름, 커버 및 공개 타입 설정

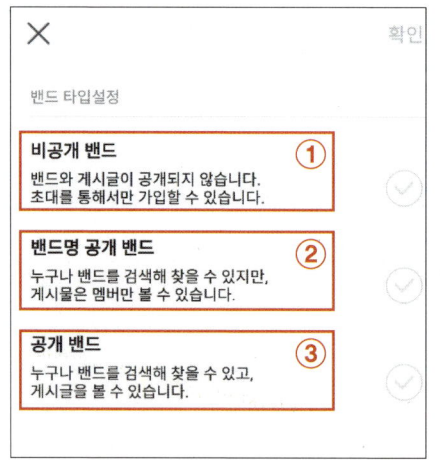

밴드 공개 타입 설정 버튼을 누르면 3가지 타입이 나오게 됩니다.

● 그림5. 밴드 타입 설정 3가지 선택

❶ 비공개 밴드

첫 번째 "비공개 밴드"는 말 그대로 운영자가 특정 회원들에게 초대 링크를 보내야지만 가입을 할 수 있습니다. 굉장히 폐쇄적인 성격이죠. 비공개 밴드는 회원을 많이 모으려는 목적이 있는 분은 운영하면 안되고 회사 조직 내 팀원들끼리 소통을 하거나 동창회, 동호회, VIP 멤버 등 특정 대상의 소수들만 소통을 하기 원할 경우에 만드시면 됩니다. 비공개 밴드는 각종 밴드 본사의 지원 홍보 정책에서 제외가 됩니다.

❷ 밴드명 공개 밴드

두 번째 "밴드명 공개 밴드"는 밴드 이름은 검색을 통해서 회원들이 찾을 수 있지만 가입이 되어 있지 않으면 밴드 안에 있는 게시글들을 볼 수 없습니다. 밴드는 현재 네이버 카페 글이 검색이 되는 것처럼 밴드 글도 외부에 검색 노출하는 기능을 제공하고 있습니다. 회원 가입을 많이 시키고 싶다면 밴드명 공개도 적합하지는 않습니다.

❸ 공개 밴드

세 번째 "공개 밴드"는 밴드 내에 있는 게시글 뿐만 아니라 밴드명 모두 오픈되어 노출됩니다. 회원 가입을 하지 않아도 게시글 확인이 가능하지만 그렇다고 해서 회원들이 밴드 가입을 망설이지는 않으니 크게 걱정은 안해도 됩니다. 회원 가입이 많이 생기기 원한다면 반드시 "공개 밴드"로 운영을 해야 가입도 많이 생기고 밴드의 홍보 지원 정책을 받을 수 있습니다.

총 정리를 해보면 특정 VIP 멤버나 소수를 대상으로 관리하고 싶다면 비공개 밴드를 운영하고, 적극적인 홍보 활동을 통해 회원을 많이 확보하고 싶다면 비공개 밴드가 아닌 "공개 밴드"로 운영을 하시면 됩니다.

02

밴드 최대 멤버 수 1000명까지 vs 멤버 수 무제한(빅밴드)

밴드 최대 멤버 수 설정

● 그림1. 밴드 설정 관리 버튼 누르기

밴드 만들기가 완료되면 첫 화면에 "밴드 설정 관리" 버튼이 나옵니다. 기본적인 밴드 셋팅을 해보겠습니다.

● 그림2. 밴드 최대 멤버 수 설정

　밴드 설정 관리 버튼을 누르면 하단의 멤버 가입 관리 바로 밑에 "최대 멤버 수"를 설정하는 버튼이 나옵니다. 이 설정 때문에 밴드 서비스 자체가 망할 뻔 했었습니다. 처음 기본 셋팅은 최대 멤버 수가 1000명으로 되어 있지만 지금부터 최대 멤버 수가 밴드에 얼마나 중요한지 설명을 드려보겠습니다.

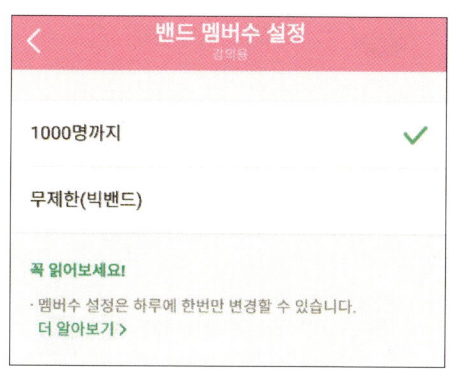

● 그림3. 멤버 수 설정 2가지 중 선택

보시다시피 기본 최대 멤버 수 설정은 1000명까지입니다. 최대 멤버가 1000명까지로 되어 있으면 1000명 이상의 회원을 가입시키지 못한다는 얘기입니다. 목표로 하는 회원이 1000명 미만이라면 기본 1000명 설정으로 하는 것이 당연히 좋습니다. 왜냐하면 1000명 이상의 회원을 목표로 했을 시 무제한(빅밴드)로 변경해야 하는데 빅밴드 상태에서는 기본적인 푸쉬 알람이 회원들에게 굉장히 약하게 들어갑니다. 치명적이죠. 아래 [그림4]를 보면서 좀 더 자세히 설명을 드려보겠습니다.

● 그림4. 최대 멤버 수 1000명 설정시 공지글 푸쉬

[그림4]에서 보면 최대 멤버수가 1000명으로 설정되어 있을 때 공지글을 운영자가 올리면 회원들이 밴드에 접속해 있지 않아도 핸드폰 기기 상단 알림창에 푸쉬를 보내주기 때문에 회원들이 내 글을 볼 확률이 엄청나게 높아집니다. 조회 수 자체가 몇 배가 차이가 나게 되죠. 하지만 빅밴드로 변경이 되면 [그림5]처럼 회원들이 밴드에 직접 접속해서 새소식 알람 버튼을 누르고 일일이 공지글을 확인해야 하는 번거로움이 생깁니다.

● 그림5. 최대 멤버 수가 무제한(빅밴드) 설정 시 가는 새소식 알람

모바일 마케팅에서 푸쉬를 보낼 때는 앱 안에 들어와서 글을 확인하게 하는 것과 접속해 있지 않아도 강제로 핸드폰 기기로 알람 푸쉬를 보내는 것은 하늘과 땅의 차이입니다. 사실 밴드를 운영하는 마케터들과 사업자는 최대 회원 목표를 1000명으로 두는 분들이 많지 않습니다. 기본 수천, 수만 명을 목표로 하는데 이 기능을 업데이트 할 시 많은 마케터와 사업자들이 밴드를 떠났습니다. 현재는 빅밴드 상태에서 기기로 강제 알림을 보내려면 내 회원임에도 불구하고 한명당 5원씩 지불하여 강제 공지 푸쉬를 보내야 하는 상황입니다. 몇 개월전만 해도 밴드 내 새소식 공지 메뉴조차 없었기 때문에 절망했었지만 새소식 공지 메뉴 버튼이 생기면서 빅밴드에서 공지를 보내면 어느 정도 회원들이 글을 확인하는 조회수가 생겨 떠났던 마케터들과 사업자들이 다시 돌아왔습니다. 그 중에 한 명이 필자이고요.

　밴드 본사 자체도 수익 모델이 필요해 조치를 취한 건 이해가 되지만 너무 성급하게 업데이트를 한 것이 아닌가 하는 생각이 많이 들었습니다. 지금 저 같은 경우는 일상적인 정보 글은 유료 푸쉬 알람을 보내지 않아도 기본적으로 수천 조회 수는 나오고 있어 그리 나쁜 상황은 아닙니다. 하지만 중요 공지 글은 유료 푸쉬를 통해 보내고 있습니다. 약 5만여 명의 회원에게 유료 푸쉬를 보낼시 최대 1만 조회 수 이상이 나왔던 적도 여러 번 있었습니다. 그만큼 강력한 조회 수이죠.

　최대 멤버수 1000명과 빅밴드의 또 하나의 차이점은 유료 회원 모집 광고 집행입니다. ==무제한(빅밴드)==으로 설정이 되어 있어야 ==유료 회원 모집 광고가 가능==하기 때문에 회원이 1000명 미만일 때는 일부러 빅밴드로 전환하여 유료 광고 상품을 이용하는 운영자도 굉장히 많습니다. 광고를 이용하실 분이 아니고 목표 최대 회원이 1000명 이상이 아니라면 굳이 빅밴드로 전환을 할 필요가 없으니 기본 설정을 유지하시면 됩니다. 가끔 빅밴드로 전환되는게 싫어 1000명 짜리 밴드를 여러 개 운영하시는 분들도 있긴 하지만 비효율적인 듯하여 추천하진 않습니다.

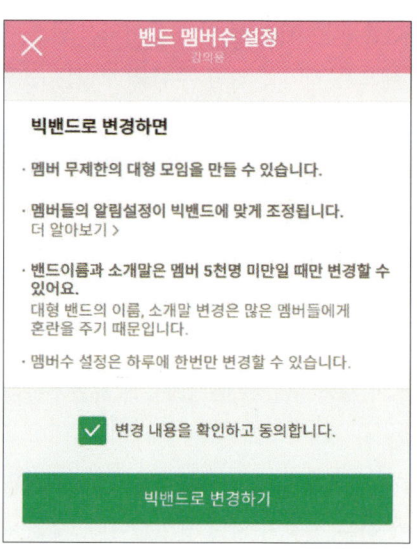

● 그림6. 빅밴드 전환 시 안내 문구

　위 안내 문구가 빅밴드 변경전 안내 메시지입니다. 앞서 제가 설명한 내용을 짧은 글로 표현한 것입니다. 멤버가 5천 명 미만일 때만 이름을 운영자 마음대로 변경할 수 있고 5천 명이 넘으면 이름 변경 시 밴드 측에 검수를 통해 변경해야 합니다. 이 정책이 생긴 이유는 처음엔 정보성 밴드로 운영을 해서 회원을 유도하고 갑자기 상업 밴드로 전환을 하는 밴드들이 회원들에게 혼란을 주어 급작스레 생긴 정책입니다. 밴드 컨셉 자체가 흔들리는 이름 변경이 아니면 변경이 가능하니 참고해 주시기 바랍니다.

　멤버 수 설정 변경이 하루에 한 번 변경 가능하다는 것은 1천 명 미만일 때만 해당됩니다. 1천 명이 넘어가면 빅밴드에서 1000명 밴드로는 전환이 안되니 이 부분도 참고해 주시기 바랍니다.

03
회원 가입 숫자가 달라지는 가입 조건 설정

회원들을 귀찮게 하지 마세요!

몇몇 밴드를 들어가서 회원 가입을 하려면 몇 살 이상만 가입이 된다거나 질문에 답을 해야만 가입이 되는 여러 가지 까다로운 조건 절차들이 있는 경우가 있습니다. 가입 조건을 설정하면 회원 가입 자체의 필터링도 되고 긍정적인 면도 있지만 많은 회원을 확보하는 데는 그리 좋지 않습니다. 보통 회원 가입의 조건을 거는 경우는 밴드가 어느 정도 활성화 되고 매력 있는 콘텐츠들이 많이 쌓였을 때 하는 것입니다. 처음에는 회원도 별로 없고 콘텐츠도 없는 상태인데 가입 시 여러 조건을 걸어두면 가입을 하려다가도 포기하거나 짜증을 내며 가입을 안하는 회원이 많이 생기게 됩니다. 그럼 확보할 수 있었던 회원을 놓치게 되는 상황이 되는거죠. 이제 막 밴드를 오픈하고 운영하는 상태라면 최대한 회원을 귀찮게 하지 않고 오픈된 상태로 편안하게 가입할 수 있게 해야 합니다. 오픈을 해두어도 가입을 할까 말까인데 귀찮게 하면 가입률이 굉장히 떨어집니다.

● 그림1. 밴드 설정 관리 -> 회원 가입 조건 설정

위 가입 조건 설정처럼 "가입 신청 받기, 가입 질문 하기, 가입 조건 성별, 나이"를 설정하면 마치 가입하지 말라는 뜻과 같으니 기본 상태로 두시고 활성화가 되면서 설정하시길 추천드립니다. 그리고 멤버 가입 알림글을 설정하게 되면 회원 가입이 생길 때마다 가입 안내글이 밴드에 올라가기 때문에 회원들이 피곤하게 됩니다. 순수 커뮤니티 목적으로 밴드를 키우시는 거라면 도움이 될지 모르겠지만 운영자 중심의 밴드를 운영 중이라면 멤버 가입 알림글도 체크하지 말아주세요. 모든 설정은 회원들이 귀찮지 않고 불편해하지 않게 운영하는게 원칙입니다.

회원 가입이 많아지고 활성화가 되면 경쟁사나 스팸 회원들이 들어오게 되니 그 상황에서는 가입 신청 받기를 활성화하여 운영 리더가 승인을 해야만 가입할 수 있게 하거나 회원의 필터링이 정확히 필요하다면 남, 여 성별이나 최소, 최대 가입 조건 나이를 최대한 폭 넓게 설정해 주시기 바랍니다. 다시 한 번 당부드리지만 처음엔 웬만하면 귀찮은 가입 조건을 걸지 않는 것이 좋습니다.

04
멤버 권한 관리를 통한 활성화

멤버 권한 설정 방법

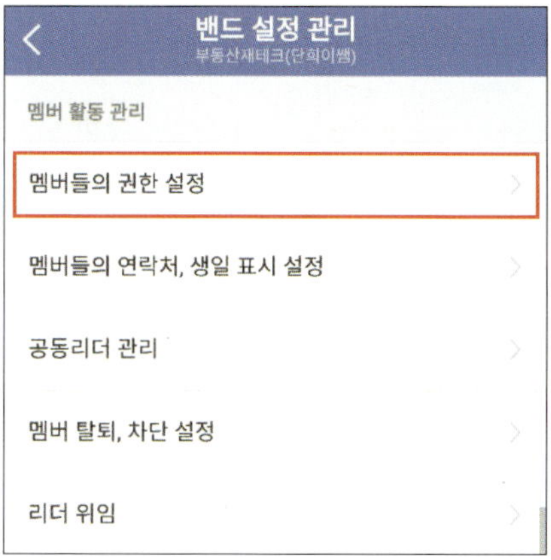

● 그림1. 밴드 설정 관리 → 멤버들의 권한 설정

멤버 권한을 설정하는 부분도 상당히 중요한데요. 밴드를 운영하는 목적에 따라 권한을 다르게 해야 하기 때문에 각 항목에 대해서 설명을 드리도록 하겠습니다.

밴드를 운영하는 목적이 상업화가 아닌 순수 커뮤니티 밴드라면 [그림2]에 보이는 글쓰기 가능 멤버를 "모든 멤버"로 하셔야 합니다. 누구나 글을 올릴 수 있게 바꾸어 회원들끼리 콘텐츠를 생산하고 서로 소통을 하게 만들기 위함이죠. 하지만 커뮤니티 밴드가 목적이 아닌 상업 밴드가 목적이라면 글쓰기를 운영 리더와 공동 리더만 가능하게 해야 합니다. 왜냐하면 모든 회원이 글을 쓸 수 있게 해두면 정작 내가 알려야 하는 글이 일반 회원들의 글에 묻혀 제대로 도달이 되지 않기 때문입니다.

● 그림2. 멤버 권한 상세 설정 1

　PC 공간이 아닌 핸드폰 공간이기 때문에 너무 빠르게 많은 글들이 올라가면 아무리 좋은 글이라도 회원들이 피곤해 하게 되고 활동하는데 제약이 많아집니다. 그래서 글쓰기 권한을 특정 리더들에게만 주는것이죠. 하루에 글을 많이 올려도 2~3개 정도의 글만 올리는 이유가 이런 이유 때문입니다. 그 외 "멤버 초대, 댓글 쓰기"는 당연히 모든 멤버가 가능하게 해야 되겠죠.

다른 설정 부분은 특별한 이유가 아닌 이상 처음 기본 설정 그대로 두시는게 좋습니다. 추후 회원이 많아지고 스텝까지 많이 생기게 되면 스텝별로 권한을 나누어서 주면 되므로 기본 설정을 유지해 주시기 바랍니다.

● 그림3. 멤버 권한 상세 설정 2

05

멤버 활동 관리 기본 설정법

멤버 연락처, 생일 표시 설정

멤버 활동 관리를 위한 기본 셋팅 방법을 안내해 드리겠습니다.

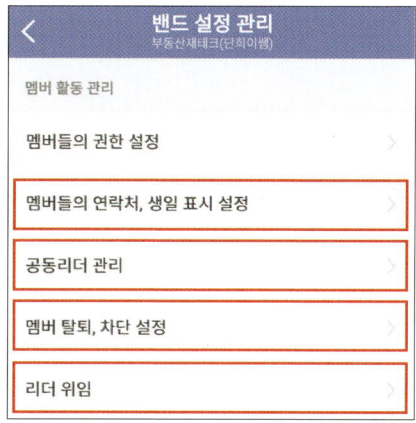

● 그림1. 밴드 설정 관리 –> 멤버 활동 기본 관리

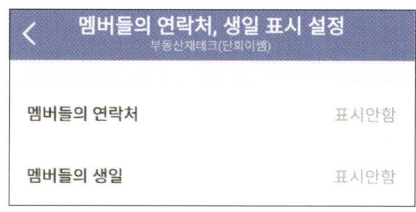

● 그림2. 멤버 연락처, 생일 표시 설정 화면

멤버 연락처, 생일 표시 설정은 기본 설정이 "표시 안함"으로 되어 있습니다. 이 설정이 "표시함"으로 되어 있으면 개인 정보가 유출됨으로 반드시 기본 설정처럼 "표시 안함"으로 되어 있어야 합니다. 요즘은 개인 정보 유출이 심하므로 중요한 설정입니다.

공동 리더(스텝) 설정 및 관리

프로필 아이콘을 보면 초록색 왕관이 최초 밴드 개설자 운영 리더이고 은색 왕관이 스텝 공동 리더입니다. 밴드 운영진들끼리 "공리"라고도 표현합니다. 밴드 개설 초기에는 공동 리더가 딱히 필요할 일은 없지만 밴드가 점점 활성화되면서 댓글 관리, 스팸 관리, 이벤트 관리, 공지 관리, 콘텐츠 관리 등 생각보다 많은 일들이 생겨납니다. 그럴 때를 대비해 공동 리더 설정이 있는데요. 공동 리더의 권한은 [그림3]처럼 공동 리더 관리 하단 부분에 "멤버들의 권한 설정" 바로가기를 누르시면 공동 리더의 상세 권한을 설정할 수 있습니다. 운영하는 방향과 원칙에 맞게 공동 리더의 권한을 적절히 분배하여 주시기 바랍니다. 처음부터 공동 리더 권한을 많이 줬는데 너무 남용하거나 제대로 이용을 못한다면 공동 리더 권한을 제한하거나 몇 개의 권한을 주지 않는 방법도 있습니다. 이런 상황을 만들지 않으려면 애초에 공동 리더를 신중히 뽑아야 되겠죠.

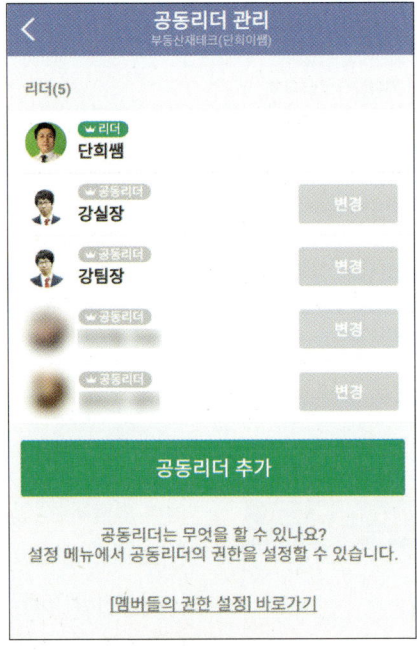

● 그림3. 멤버 연락처, 생일 표시 설정 화면

멤버 탈퇴, 차단 설정

멤버 탈퇴, 차단 설정은 활동하는 회원 중 평소에 스팸, 홍보성 활동을 무리하게 하거나 악의적으로 공격하는 회원들이 있을 수 있습니다. 그런 사람을 탈퇴시키고 해당 아이디로 다시는 우리 밴드로 들어오지 못하게 영구 차단을 하는 방법입니다.

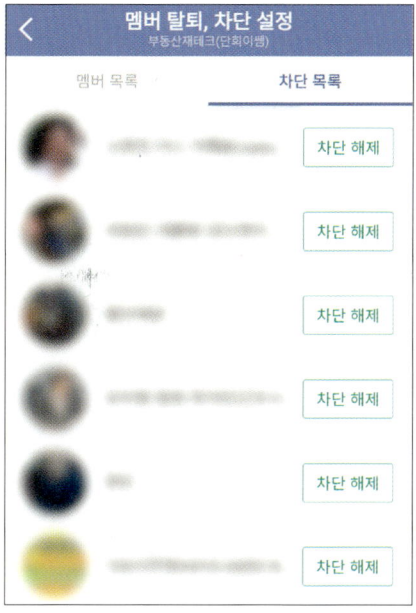

● 그림4. 멤버 탈퇴, 차단 설정

이 설정을 통해 차단된 사람을 확인할 수 있고 경우에 따라서 풀어줄 수도 있습니다. 탈퇴, 차단 기능은 밴드 운영자에게 필수적으로 필요한 기능입니다. 처음엔 활성화가 되어 있지 않아 스팸, 홍보글이 많이 없겠지만 인원이 늘고 활성화가 되기 시작하면 경쟁사나 다른 회원들이 우리 회원들을 상대로 홍보나 스팸 활동을 지겹게 합니다. 밴드 본사 측에서도 이 부분을 고려해 계속 업데이트를 하고 있으나 주로 관리는 운영자 본인이 해야 합니다.

리더 위임

리더 위임은 거의 쓸 일이 없겠지만 관리 권한을 내부 운영 사정상 어쩔 수 없이 바꿔야 할 때 사용하는 기능인데요.

● 그림5. 밴드 양도 "리더 위임"

 리더 위임을 할 시에는 운영자 마음대로 바꾸기 보다는 회원들의 동의를 받아 자연스럽게 넘겨주는 모양이 좋습니다. 밴드를 운영하는 주체는 운영 리더이지만 회원들은 이 밴드는 우리꺼라고 생각하기 때문에 정 동의를 받기 어려운 상황이면 위임 받는 리더의 이름을 이전 운영 리더와 동일한 이름으로 설정해서 하는 방법도 있습니다. 웬만하면 운영 리더는 변경을 하지 않는 것이 좋습니다.

06
기본 설정 1.
(소개말, URL, 키워드, 지역 정보)

밴드를 운영 하는데 기본적인 설정을 하지 않고도 운영은 할 수 있지만 기본 설정을 함으로써 얻어지는 홍보 효과가 있기 때문에 반드시 하는 것을 추천합니다. 우선 소개말을 설정하는 방법부터 설명 드리겠습니다.

밴드 소개말 설정

소개말은 신규 회원이 가입을 하기 이전에 해당 밴드에 대해서 살펴볼 때 보는 한 줄 소개말입니다. [그림1, 2]를 보시면 나오지만 밴드를 가입하기 전 [그림1]의 우측 하단 동그란 ⓘ 모양 버튼을 누르면 밴드의 간략한 소개가 나옵니다.

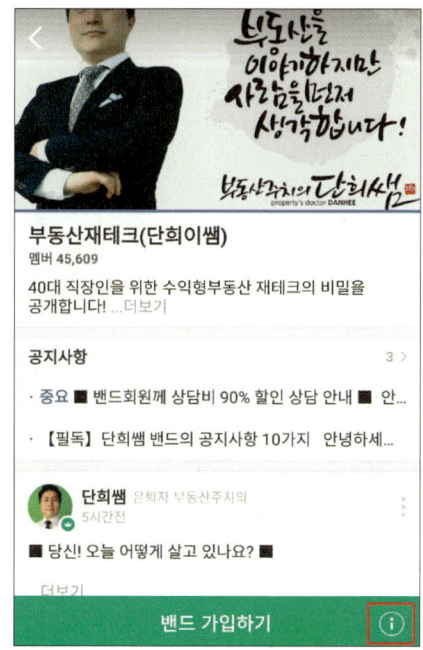 

● 그림1~2. 밴드 가입 화면

1달 안에 1만 명 충성 고객 만드는 네이버 밴드 마케팅이 내용을 보고 가입할지 말지 판단할 수도 있기 때문에 신중을 기해서 핵심 내용만 한 줄로 정하도록 합니다. 주저리 주저리 많은 내용을 넣을 수는 없으니 반드시 핵심만 넣어주세요. 홍보를 진행함에도 불구하고 가입률이 떨어진다면 밴드 이름, 밴드 커버, 한 줄 소개 등을 변경하면 가입률이 올라갈 수 있으니 중요 설정으로 체크하시기 바랍니다.

설정하는 방법은 밴드 첫 화면에서 우측 하단의 "≡" 메뉴 버튼을 누르면 설정 화면이 나옵니다. [그림3]을 참고해서 따라해 주세요. 설정 메뉴 버튼은 운영자 뿐만 아니라 일반 회원들도 많이 들어가는 메뉴입니다.

● 그림3~4. 밴드 설정 화면

설정 버튼을 누르면 중앙에 톱니 바퀴 모양의 밴드 설정 버튼이 또 나옵니다. 해당 버튼을 누르면 밴드의 모든 설정을 관리할 수 있는 관리자 화면이 나옵니다.

설정 메뉴로 들어가면 밴드 기본 설정을 하는 버튼들이 나옵니다. "밴드 소개말" 버튼을 누르면 앞에 보신대로 가입 시 나오는 소개말 내용을 설정할 수 있습니다. 이제 밴드 소개말을 작성하면 되는데요. 밴드 회원이 5천명 이상일 때는 밴드 이름 변경 제한처럼 소개말 변경도 제한됩니다.

회원의 혼돈을 줄이기 위함이라 하지만 소개말까지 제한한 것은 심하지 않았나 하는 생각이 들긴 하지만 밴드 방침이 그렇다면 따라갈 수밖에 없습니다. 소개말은 핵심 멘트 위주로 꾸며주시고 회원이 5천명 이상일 때 소개말을 변경해야 한다면 밴드 고객센터에 문의 후 변경하시면 됩니다. 밴드 운영 컨셉이 완전히 뒤바뀌는 소개말 변경이 아니면 거의 다 변경되니 크게 걱정은 안하셔도 됩니다.

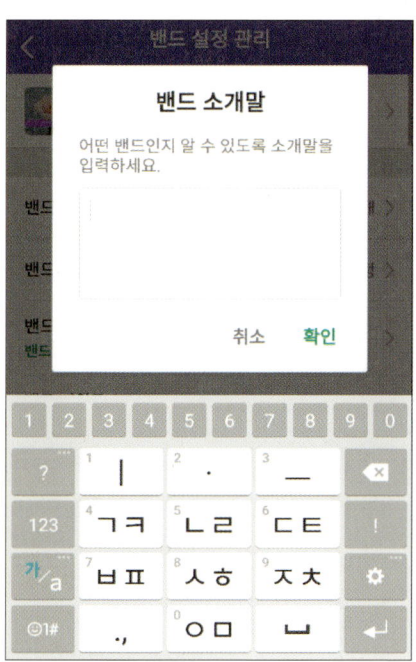

● 그림5~6. 밴드 소개말 설정

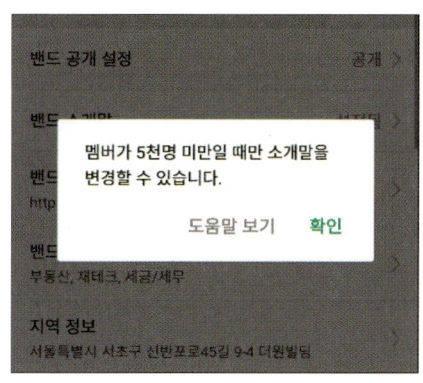

● 그림7. 멤버 5천명 이상 소개말 변경 메세지

밴드 URL 설정

홈페이지에 도메인 주소가 있듯이 "ex) http://www.naver.com" 밴드에도 도메인 주소 URL을 만들 수 있습니다. 블로그 주소랑 동일하다고 보시면 됩니다.

밴드 주소 URL 설정 버튼을 누르면 내가 운영 중인 밴드의 URL을 직접 설정할 수 있습니다.

● 그림5. 밴드 설정 관리 → 밴드 주소 URL 설정

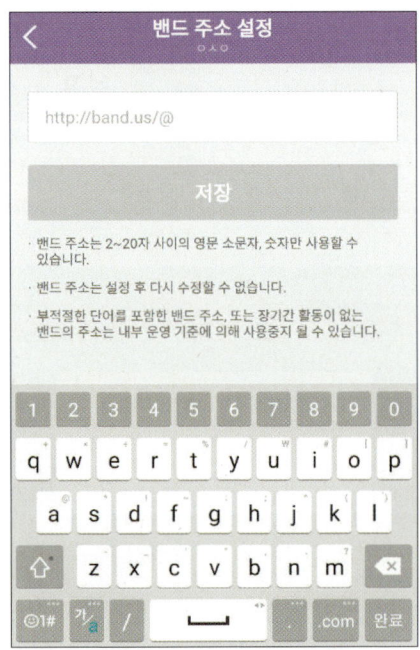

● 그림8. 밴드 주소 설정 화면

다음의 3가지 원칙만 잘 지켜서 설정하시면 됩니다.

❶ 밴드 주소는 2~20자 사이의 영문 소문자, 숫자만 사용할 수 있습니다.
일반 회원들이 이 주소를 직접 타이핑할 일은 많이 없으니 회사 이름 정도로 생각해서 등록하는 것이 좋습니다.

❷ 밴드 주소는 설정 후 다시 수정할 수 없습니다.
도메인 구입 후 포워딩 연결은 가능합니다.

❸ 부적절한 단어를 포함한 밴드 주소, 또는 장기간 활동이 없는 밴드의 주소는 내부 운영 기준에 의해 사용중지 될 수 있습니다.
1년 이상 활동이 없던 밴드도 강제로 삭제되지는 않았습니다. 스팸 밴드 제지 사항인 것 같습니다.

● 그림5, 그림9. 밴드 주소 URL 설정 시 공유 화면

URL 설정이 완료된 후 밴드 주소 URL 버튼을 누르게 되면 내 밴드 주소를 다른 온라인 채널에 공유하는 버튼이 나옵니다. 원하는 채널로 공유를 누르면 특정 채널로 공유가 되고, 그 공간에서 다른 회원들이 링크 주소를 누르면 내 밴드로 자연스럽게 링크 클릭이 되어서 방문 유도가 됩니다. 6장에서 밴드 홍보하는 방법을 설명할 때 중요하게 사용되는 공유 링크 주소이니 기억해 주세요.

밴드 검색 키워드 설정

밴드 내에서 홍보하는 방법 중 검색 키워드에 노출하는 방법이 있는데요. 기본 설정에서 최대 3개의 노출 검색 키워드를 설정할 수 있습니다. 키워드를 설정했다고 해서 무조건 노출되는 것은 아니고 밴드의 활성화 지수에 따라 노출 결과는 달라집니다.

● 그림5. 밴드 검색 홍보 키워드 설정

[그림5]의 밴드 키워드 설정 버튼을 누르면 최대 키워드 3개를 설정할 수 있는 화면이 나옵니다. 홍보하는데 도움이 되는 부분이니 3개 키워드를 무작위로 선택하기 보다는 중요한 핵심 키워드를 우선 순위를 나누어 설정하시는 것이 좋습니다. 머릿속에 키워드가 잘 생각이 나지 않는다면 [그림11]처럼 새로운 키워드 찾기 버튼을 눌러보세요.

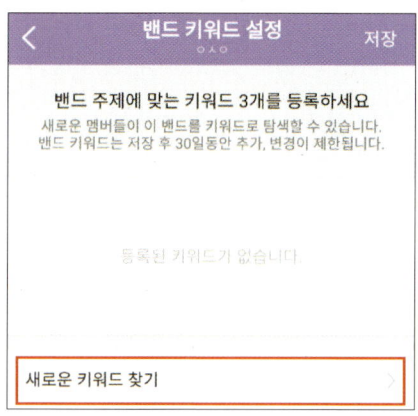

● 그림11. 밴드 키워드 설정 화면

새로운 키워드 찾기 버튼을 누르면 밴드에서 자동으로 분류해 놓은 검색어들이 나열되어 나옵니다. 내 타겟들의 관심사에 알맞은 키워드 3개를 선택해서 설정을 해주시기 바랍니다.

● 그림12. 새로운 키워드 찾기 화면

키워드 설정이 완료되면 [그림10]의 화면처럼 3개 키워드가 설정됩니다. 밴드가 운영된 지 얼마 안 된 초반에는 키워드 검색에 노출이 잘 되지 않으니 처음부터 노출시키고 싶다면 경쟁이 덜한 키워드를 조사해서 눈높이를 낮추는 것도 좋은 방법입니다. 밴드 이름과 소개말 변경과 다르게 밴드 키워드 설정은 설정 후 30일 이후에 변경할 수 있습니다. 밴드가 활성화 되는 데는 시간이 꽤 걸리니 활성 지수에 따라 키워드를 지속적으로 조사해서 한 달에 한 번씩 업데이트를 하면 되겠습니다.

● 그림10. 밴드 키워드 설정 완료 시 화면

지역 정보 설정

지역 정보를 설정하는 것은 회사 주소를 소개하는 용도 정도로 생각하시면 됩니다. 홍보에 도움이 되거나 하는 부분은 딱히 없으니 회원들에게 보여지는 회사 소개 정도로 생각하셔서 현 회사 주소를 설정해 주세요. 이 설정을 했다고 해서 검색이나 홍보 공유에 유리해지거나 하는 효과는 없습니다.

 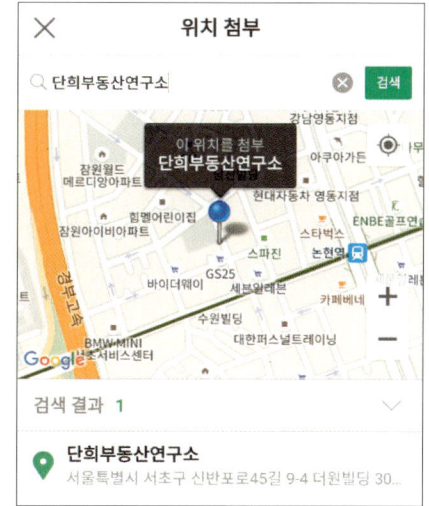

● 그림5, 그림13. 지역 정보 설정 화면

07
기본 설정 2.
(공지글, 대표 태그, 인기글, 채팅, 일정, 앨범)

공지글 설정

밴드에서 공지글의 역할은 굉장히 중요합니다. 가입하기 직전의 회원은 공지글이 어떤 형태로 나와있느냐에 따라서 가입을 할지 말지 결정할 수도 있고 기존 활동 회원은 공지글을 통해서 이 밴드가 어떤 정보와 혜택을 주는지 명확히 알 수 있으며 평소에 공지글을 통해 회원들에게 홍보를 강력하게 할 수 있습니다. 이만큼 공지글의 역할은 밴드 운영의 필수라고 할 수 있습니다. 이 장에서는 공지글을 설정하는 간략한 방법만 설명드리고 7장에서 공지글을 통해 회원 활성화를 유도하는 방법을 자세히 설명해 드리도록 하겠습니다.

● 그림1~2. 밴드 첫 화면의 공지글 노출 화면

밴드 공지글은 밴드 앱인 핸드폰 화면에서는 최대 2개까지 노출이 되고 PC 밴드 화면에서는 3개가 노출됩니다. 대부분 핸드폰에서 밴드 활동을 하니 최대 2개까지 노출이 된다고 생각하는게 맞습니다. 노출은 최대 2개까지 보이지만 〉 버튼을 누르면 여러 개의 공지글이 한 번에 보이기도 합니다.

공지글은 중요 공지글과 일반 공지글로 나뉩니다. 중요 공지글은 공지글 말머리에 중요 색깔 머리말이 붙어서 주목도가 더욱 높아져 회원들이 글을 볼 확률이 높아집니다. 모든 공지글에 중요 공지글을 붙이진 마시고 정말 중요한 글이 있을 때만 가끔씩 중요 공지글을 달아주면 회원들도 중요도를 알기에 글을 더 많이 읽게 됩니다.

● 그림3. 밴드 공지글 설정

밴드 공지글 설정 방법은 업로드된 글의 우측 상단 점 3개의 메뉴 버튼을 누르면 해당 글의 설정 메뉴 버튼들이 나옵니다. [그림4]의 화면처럼 "공지로 등록" 버튼을 누르면 일반 공지로 등록, 중요 공지로 등록이 나옵니다. 한 번 설정된 공지는 다시 변경이 가능하지만 순서를 공지글의 순서대로 변경하는 것은 다시 수정 삭제 단계를 거쳐야 하기 때문에 애초에 등록할 때 최상단에 노출되기 원하는 공지글을 가장 마지막에 공지 등록을 하는 것이 좋습니다.

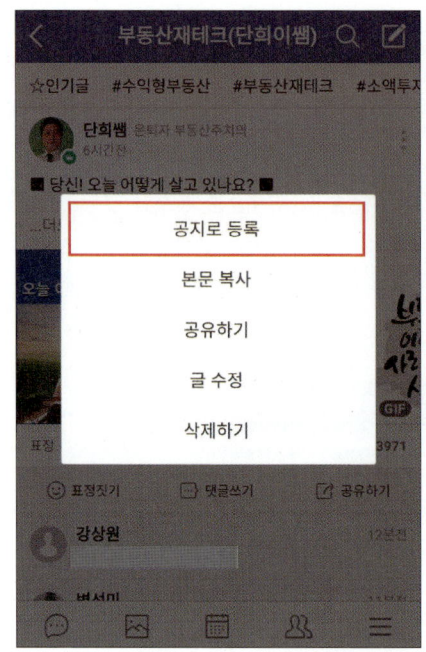 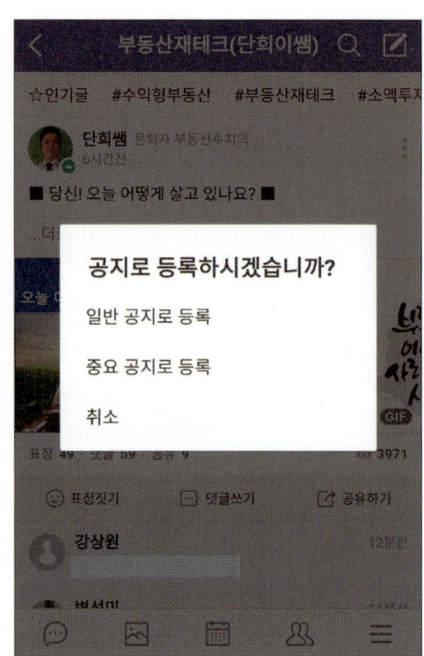

● 그림4~5. 일반 공지 / 중요 공지 등록 화면

　이렇게 공지글로 등록이 되면 최대 멤버수 1000명까지 일 때는 밴드에 접속해 있지 않아도 강제 푸쉬 알람이 가게 되고 빅밴드이면 밴드 내의 새소식 알람 메뉴 버튼에 노출됩니다. 빅밴드 상태에서 접속 안한 멤버에게 강제 푸쉬를 보내려면 1인당 5원씩 발송비를 지불해서 보내면 됩니다.

인기글 설정

밴드는 카페나 웹사이트처럼 게시글 분류 기능이 없기 때문에 베스트 인기글만 따로 노출되는 화면이 있습니다.

 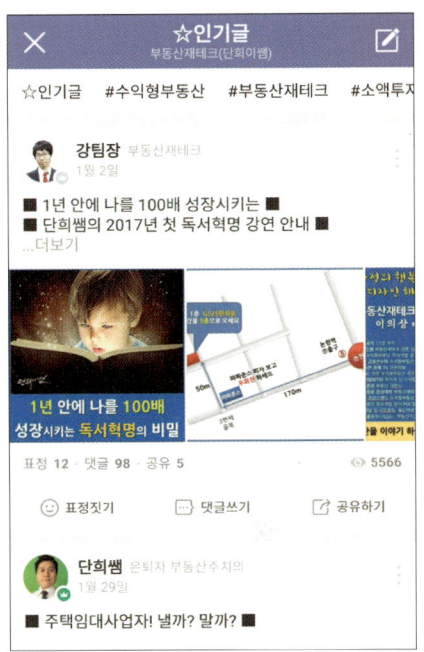

● 그림1, 그림6. 인기글 노출 화면

인기글의 순서를 운영자가 마음대로 설정할 수는 없지만 최신글 중에서 밴드에서 가장 많은 조회 수와 표정, 댓글, 공유가 나오는 글이 순서대로 정렬되어 나옵니다. 회원들 입장에서는 활동하는 밴드에서 인기있는 글들을 쉽게 찾아볼 수 있어 유용한 기능입니다. 회원이 활동하기 편한 기능이기 때문에 무조건 이 기능을 활용하도록 합니다. 운영진 입장에서는 최신글 중에서 어떤 글들이 회원의 반응이 높았는지 시장 조사 용도로도 사용할 수 있습니다.

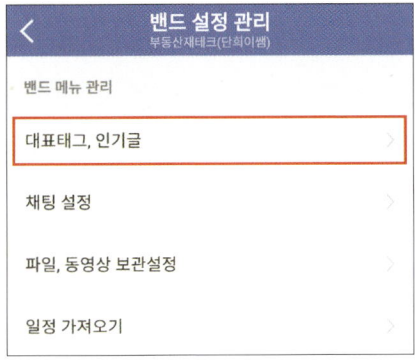

● 그림7. 밴드 설정 관리 → 대표 태그 설정

인기글 설정은 밴드 설정 관리 -> 밴드 메뉴 관리 부분에 있습니다. 대표 태그와 인기글을 함께 설정하게 되는데요. 인기글 설정부터 알아보겠습니다.

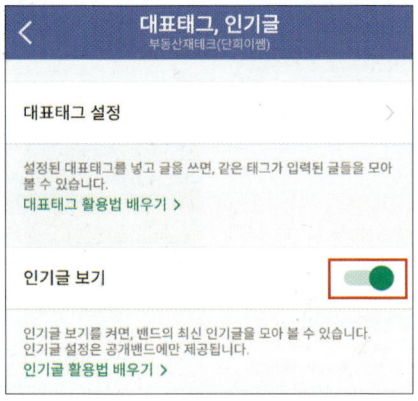

● 그림11. 인기글 보기 설정 활성화

[그림11]처럼 인기글 보기가 활성화되어 있어야 밴드 첫 화면에 인기글 버튼이 활성화되어 노출됩니다. 간단한 기능이니 개설 직후 바로 활성화하면 좋습니다.

대표 태그 설정

인기글과 비슷한 기능 중 하나가 대표 태그인데요. 인기글은 말 그대로 인기글을 순서대로 보여주지만 회원들마다 원하는 콘텐츠의 종류가 다를 수 있습니다. 그래서 밴드 내 중요 해시 태그를 분류해서 넣어 두면 회원들이 콘텐츠를 분류해서 쉽게 찾아볼 수 있습니다.

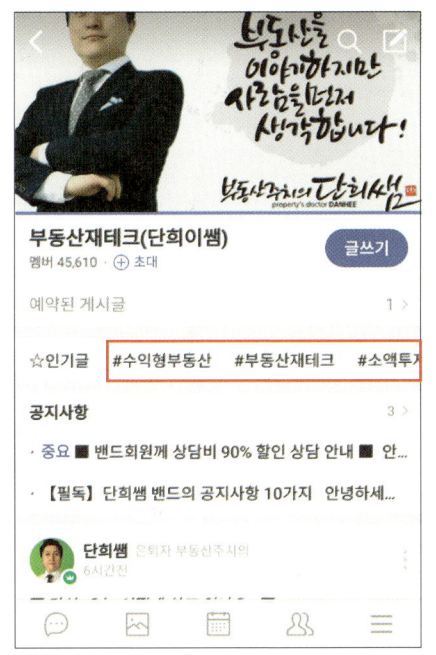 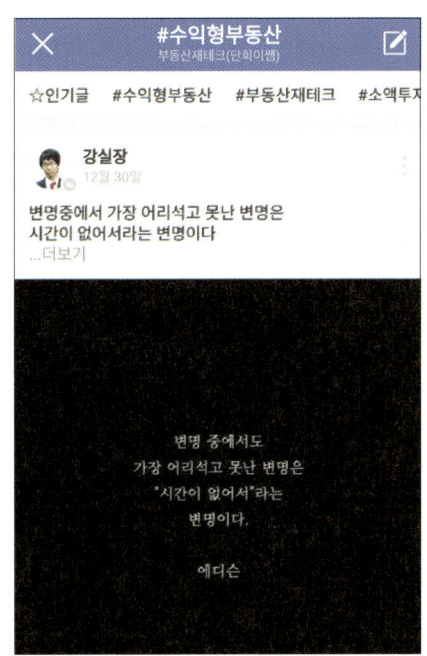

● 그림1, 그림8. 대표 태그 노출 화면

[그림1]과 [그림10]처럼 대표 태그를 미리 설정해두면 인기글 우측에 대표 태그들이 순서대로 노출되어 해당 해시 태그를 누르면 자동으로 콘텐츠가 분류가 되어 나옵니다. 이 기능을 활용하려면 글을 작성할 때마다 분류하고 싶은 해시 태그를 삽입해야 해시 태그로 분류되어 노출됩니다.

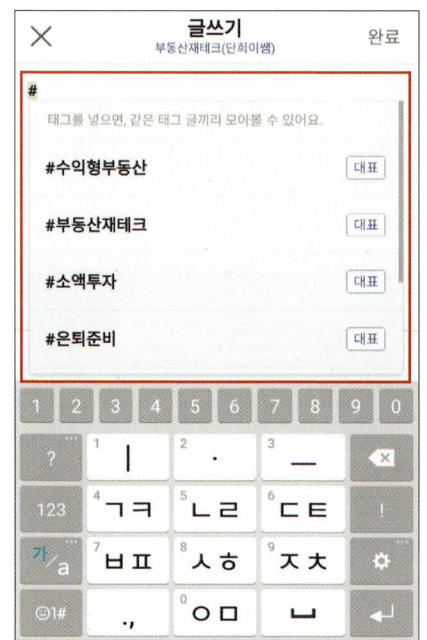 

● 그림9~10. 글 작성 시 대표 태그 설정 예시 화면

대표 태그 설정 방법은 인기글 설정 방법과 비슷합니다. 밴드 설정 관리 메뉴 하단에 있는 밴드 메뉴 관리에서 "대표 태그, 인기글" 설정 버튼을 동일하게 누르시면 대표 태그 설정 화면이 나오게 됩니다.

● 그림7. 대표 태그 설정

82

[그림11, 12] 화면처럼 대표 태그 설정 버튼을 누르고 우선 순위에 가장 중요한 태그를 상단에 노출되도록 중요 태그를 설정해 주시면 됩니다.

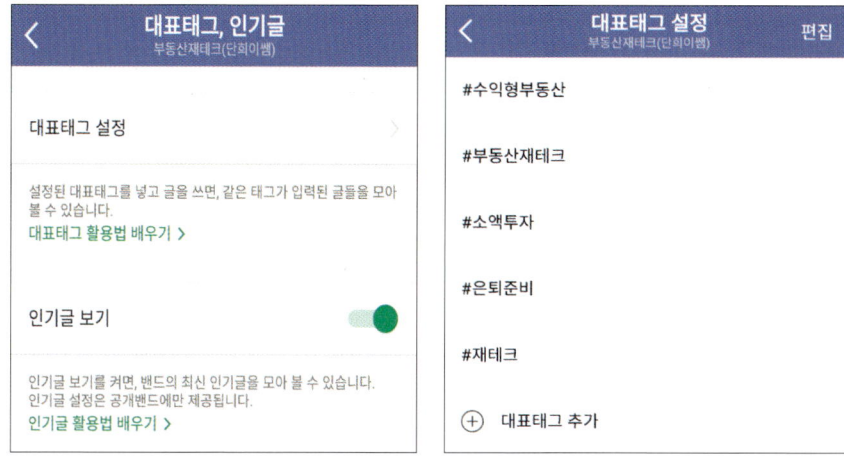

● 그림11~12. 대표 태그 설정 화면

채팅 설정

채팅방 설정도 밴드 운영에 중요한 부분 중 하나인데요. 밴드 회원들과 소통하기 위한 기능으로 활용되기도 하지만 요즘은 일반 회원들이 스팸 홍보성으로 활용하는 경우가 많아 권한 설정을 잘 해야 합니다. 이 기능 때문에 운영자가 욕을 먹거나 하는 경우가 생기기도 합니다.

설정 방법은 밴드 설정 관리 메뉴 하단의 "채팅 설정"을 누르면 간단하게 설정할 수 있습니다.

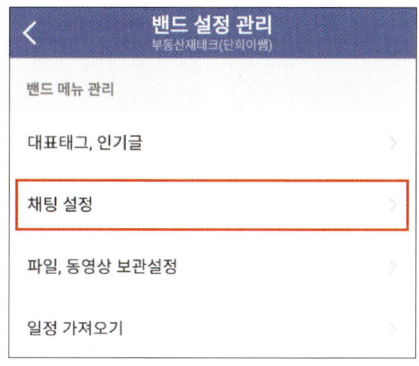

● 그림7. 채팅방 설정

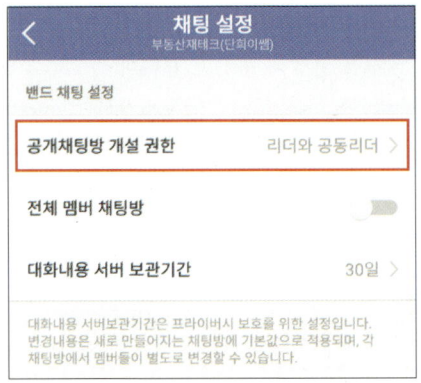

● 그림13. 밴드 채팅 설정 화면

　공개 채팅방 개설 권한은 웬만하면 리더와 공동 리더만 가능하게 해주세요. 이 기능이 모든 멤버로 되면 스팸 홍보 활동이 급격히 늘어나 회원들의 반발심이 생깁니다. 직접 채팅방 홍보를 당해보면 굉장히 짜증이 나서 밴드 탈퇴를 하는 경우도 생깁니다.

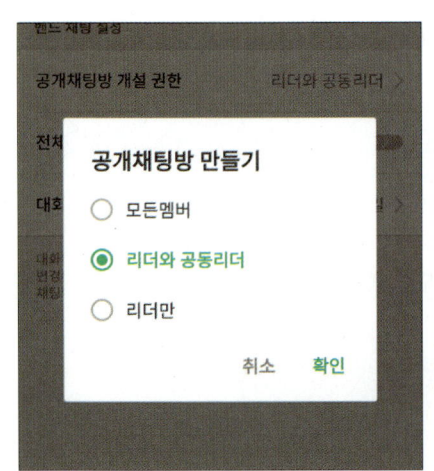 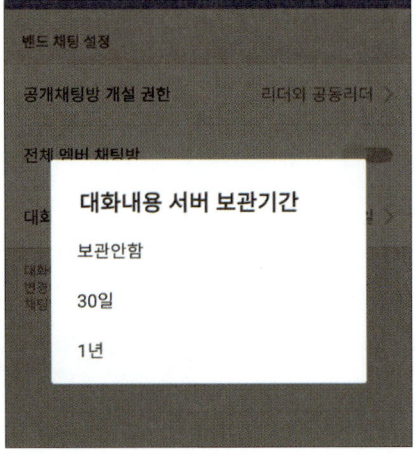

● 그림14~15. 채팅방 만들기 권한 / 대화 내용 기간

　대화 내용 서버 기간은 운영하는 방침에 따라 설정해 주시기 바랍니다. 채팅방에서 중요 정보를 많이 대화한다면 1년 가까이 길게 하는 것이 좋겠죠.

파일, 동영상 저장 공간 설정

밴드를 장기간 운영하다 보면 꽤나 많은 자료가 쌓이게 되는데요. 해당 자료를 보관하다 보면 나중에 활용할 일이 많습니다. 저 같은 경우는 밴드에 올라가 있는 재테크 정보를 모아서 나중에 출간할 계획도 가지고 있습니다. 그만큼 양질의 정보가 많이 쌓여있기 때문이죠. 하지만 밴드는 무료로 이용하는 대신 자료 보관 기간의 제한이 있습니다.

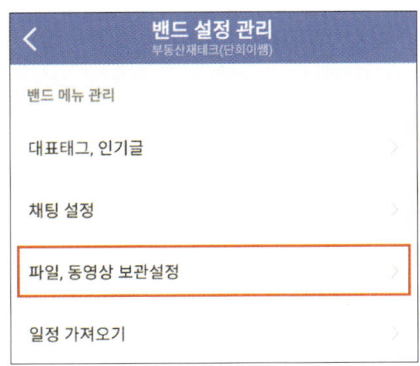

● 그림7. 밴드 설정 관리 → 파일, 동영상 보관 설정

[그림7]의 파일, 동영상 보관 설정을 눌러보세요.

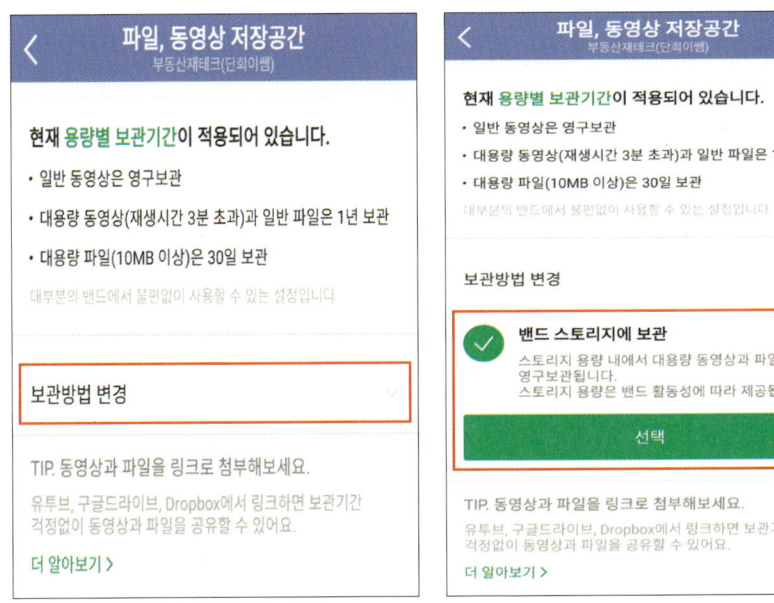

● 그림16~17. 파일 동영상 저장 공간 설정

1달 안에 1만 명 충성 고객 만드는 네이버 밴드 마케팅　**85**

[그림16, 17]은 밴드의 활동량에 따른 기본 자료 보관 안내 메시지입니다.

기본 설정은
- 일반 동영상은 영구 보관
- 대용량 동영상(재생 시간 3분 초과)과 일반 파일은 1년 보관
- 대용량 파일(10MB 이상)은 30일 보관

위 3가지가 기본 설정값인데요. 무리 없이 활동할 수 있는 기본 보관 용량입니다. 이것으로 부족하다면 [그림18]처럼 밴드 스토리지에 보관으로 변경해서 설정하시면 됩니다.

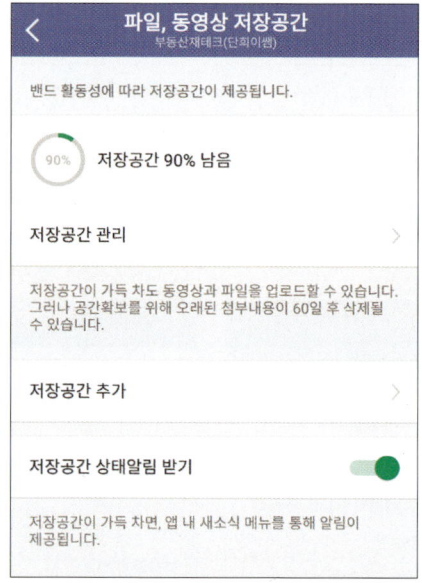

● 그림18. 저장 공간 설정 변경 화면

밴드 스토리지로 보관을 변경하면 다시는 못 돌아간다는 경고 메시지가 뜨니 신중히 선택하시고요. 스토리지 보관 설정 변경 화면입니다. 이 용량까지 가득 차면 유료 버전으로 변경하는 방법도 있습니다. 용량이 가득찰 것 같으면 차라리 네이버 클라우드나 다른 클라우드 서비스를 활용해 미리 저장을 해두는 편이 더 좋으니 밴드 내에서 모든 정보를 저장하려는 것은 추천하지 않습니다.

일정 내보내기, 가져오기 설정

멤버 권한 설정에 따라 일정을 만들 수 있는데요. 밴드의 중요한 이벤트 날짜나 강연이나 세미나와 같은 행사를 진행한다면 일정을 미리 등록해두면 좋습니다. 판매 공동 구매 이벤트 날짜와 같은 일정도 등록하면 회원들이 사전에 확인할 수 있으니 좋겠죠.

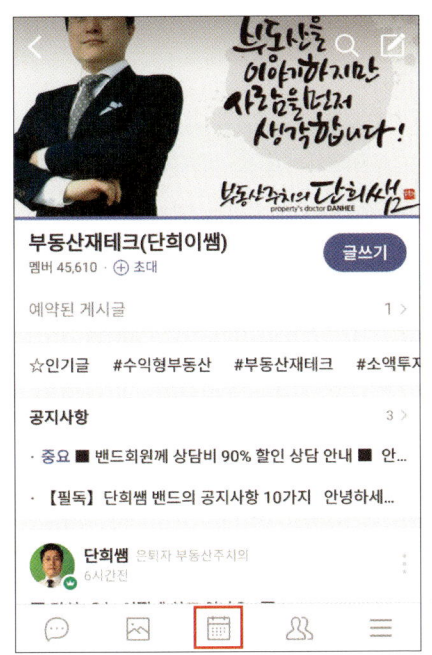 

● 그림1, 그림19. 일정 만들기

일정을 많이 활용하는 밴드는 기존에 관리하고 있는 캘린더 서비스 웹사이트나 앱으로 공유가 가능합니다. 일일이 전부 확인하며 입력할 필요가 없는 거죠.

 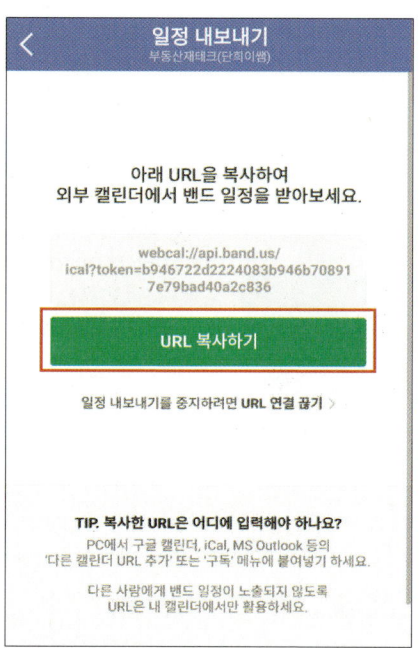

● 그림20-1~2. 일정 내보내기

우측 하단의 밴드 메뉴 버튼을 누르고 하단의 일정 내보내기 버튼을 누른 다음 URL 복사하기를 눌러서 PC 웹브라우저에 입력하시면 됩니다.

· 자세한 일정 공유 방법은 해당 캘린더의 매뉴얼을 참고하세요.

내보내기도 가능하지만 외부 일정을 가져오기도 가능합니다. 외부에서 관리 중인 대량의 캘린더 일정을 가져오기 기능을 통해 간편 등록하는 방법도 있는데요. 밴드 설정 관리의 하단 부분에 일정 가져오기 버튼이 있습니다.

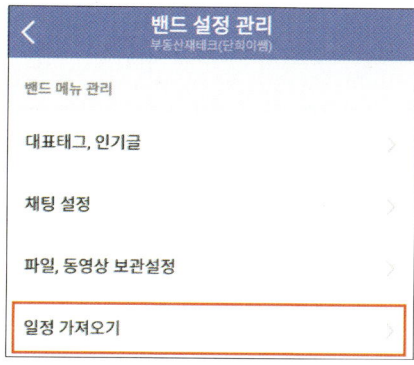

● 그림7. 밴드 설정 관리 → 일정 가져오기

[그림7]과 [그림21]처럼 외부 일정을 쉽게 가져올 수 있습니다. 일정을 내보내기가 하거나 가져오기 할때는 혹시 모르니 사전에 백업을 해두는 것이 좋습니다. 외부 일정을 해당 서비스에서 백업을 해주시고 밴드 내에서는 별도 백업 기능이 없으니 일정 내보내기를 미리 해두어 저장해 두시는 것도 좋습니다. 어떤 자료든 백업은 혹시 모를 상황을 대비해 습관화하는 것이 좋습니다.

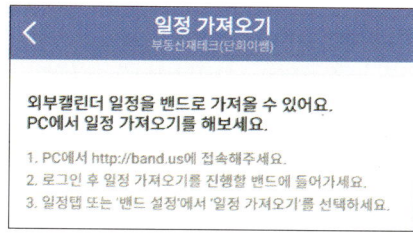

● 그림21. 일정 가져오기

앨범 만들기

일정과 마찬가지로 멤버 설정 권한에 따라 운영 리더 뿐만 아니라 일반 회원들도 앨범을 만들 수 있습니다. 초반엔 일반 회원들도 앨범을 설정할 수 있게 하지는 말아주세요. 너무 무분별하게 앨범이 만들어지면 나중에 분류하기가 어려워 집니다. 앨범 분류는 밴드 운영진이 제공하는 콘텐츠를 분류해서 보여주려는 목적이 더 크다고 생각하시면 됩니다. 커뮤니티 기능이 중요하다면 일반 회원에게 권한을 주셔도 괜찮지만 그런 경우에는 앨범 모니터링을 평소에 자주 하셔서 관리를 잘하셔야 합니다.

● 그림1. 앨범 만들기

앨범을 만드는 것은 간단합니다. 밴드 첫 화면의 좌측 하단 사진 이미지 버튼을 누르면 사진첩 만들기 버튼이 우측 상단에 나옵니다. 그 다음 해당 앨범명을 입력하고 글을 쓸 때마다 올리는 사진을 앨범에 넣을 수도 있고 앨범 안에 따로 사진을 넣을 수도 있습니다.

 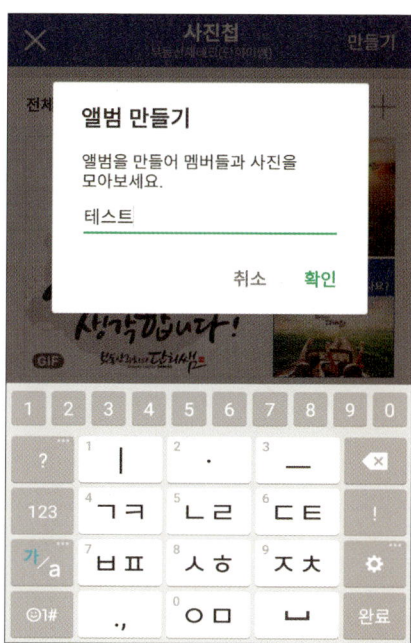

● 그림22~23. 앨범 만들기 설정 화면

　인기글, 대표 태그처럼 밴드의 콘텐츠 분류를 도와주는 기능이니 적극 활용하시고 필요 없다 생각하시면 사용하지 않아도 되는 기능입니다.

제 6장

"1달 안에 1만 명 회원 모집하기"

01

밴드 본사 지원 정책을 통한 초기 회원 모집

책의 서두에도 소개했지만 밴드는 SNS 중에서도 폐쇄형 SNS이기 때문에 회원 모집을 하는 과정의 난이도가 높은 편입니다. 밴드 본사 측에서도 이 점을 운영자들이 어려워하는 것을 느꼈는지 신규 밴드 운영자들을 위해 회원 모집을 지원하는 정책을 몇 가지 지원하고 있습니다. 무료로 지원해주는 회원 모집 정책이니 반드시 해보시기 바랍니다.

새로 시작한 밴드 회원 모집 지원 활용

밴드를 이제 막 만들게 되면 회원은 당연히 1명이겠죠. 처음 홍보를 시작하는 분은 어떻게 회원을 모아야 될지 굉장히 막막할 텐데요.

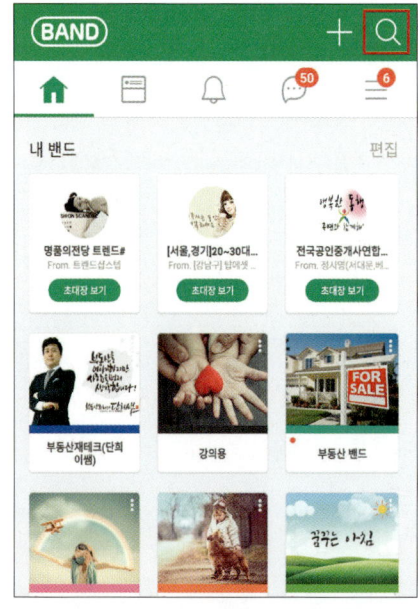 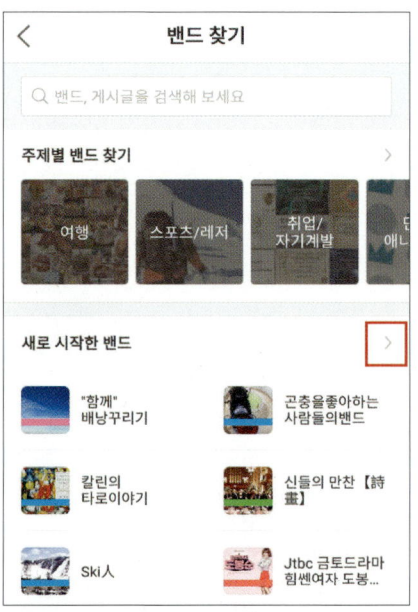

● 그림2~3. 새로 시작한 밴드 회원 모집 지원 신청법

홍보 지원 정책을 신청하는 방법은 밴드 첫 화면에서 우측 상단의 돋보기 모양을 누르시고 중앙의 새로 시작한 밴드 버튼을 누르세요.

그 다음 [그림4]의 "밴드 홍보 신청" 버튼을 누르고 [그림5]에 나오는 내 밴드 중 홍보 신청을 하고 싶은 밴드를 신청하면 완료됩니다. 검수 기간이 며칠 걸리기 때문에 승인 후부터 노출이 시작되면 많지는 않지만 수십 명 이상의 회원을 확보할 수 있습니다. 초기 밴드 운영자에게는 단비같은 회원들이죠.

그런데 밴드를 만들고 게시글이 5개 이상 작성되어 있지 않으면 신청할 수 없으므로 5개 이상의 글을 작성해주고 밴드 커버나 이름 등 기본적인 설정이 제대로 되어 있지 않으면 신청이 안될 수도 있으니 어느 정도 운영하는 모습은 최소한 보여줘야 합니다.

● 그림4~5. 새로 시작한 밴드 회원 모집 지원 신청법

새로 시작한 밴드에 노출되기 시작하면 회원 모집 결과는 밴드마다 차이가 많이 나지만 작게는 수십 명에서 많게는 100명 이상의 모집 결과가 나올 수도 있으니 가입률을 높이기 위해 밴드 소개말, 밴드 커버(배경화면), 공지사항, 인기글, 대표 태그 등을 잘 설정해주어 회원가입 전환률을 높여주어야 합니다.

공개 밴드 인기글 노출

밴드 찾기에 들어가면 하단에 "밴드 인기글 보러가기"도 있는데요. 해당 버튼을 누르고 들어가면 "공개밴드 인기글"이 나옵니다. 이곳에 노출되어 홍보하는 방법도 있지만 기준이 따로 있지 않고 노출된다 해도 홍보 효과가 크지는 않으니 크게 신경 쓰지는 않아도 됩니다. 이 부분은 밴드 본사 측에서도 테스트로 계속 운영하는 듯 합니다.

● 그림6~7. 공개 밴드 인기글 노출

이런 밴드는 어때요 노출

밴드 찾기 부분에 "이런 밴드는 어때요" 라는 곳이 있는데요. 이곳에 노출이 되면 새로 시작한 밴드보다 홍보 효과가 조금 더 높은 편입니다.

● 그림8. 이런 밴드는 어때요 노출 화면

　새로 시작한 밴드보다 회원 모집 홍보 효과가 조금 더 높은 편이긴 하지만 따로 신청하는 곳이 있지는 않습니다. 선정 기준은 아래 [그림9]에 나와 있으니 참고해 주세요. 경험상 뻔한 주제보다는 독특한 컨셉의 정보로 운영되는 밴드이거나 꾸준히 운영된지 한두 달 이상된 밴드가 랜덤으로 노출됩니다. 적게는 수십 명에서 많게는 수백 명 이상 회원이 모집되는 효과가 있습니다. 효과가 높긴 하지만 언제 노출될지 모르기 때문에 꾸준히 운영하다 운이 좋아 걸린다는 생각으로 노출해야 합니다. "이런 밴드는 어때요" 노출이 당장 되지 않더라도 차후 언제 노출될지 모르니 그냥 꾸준히 운영하다 노출되면 좋겠다라는 생각으로 운영하시는 것이 좋습니다.

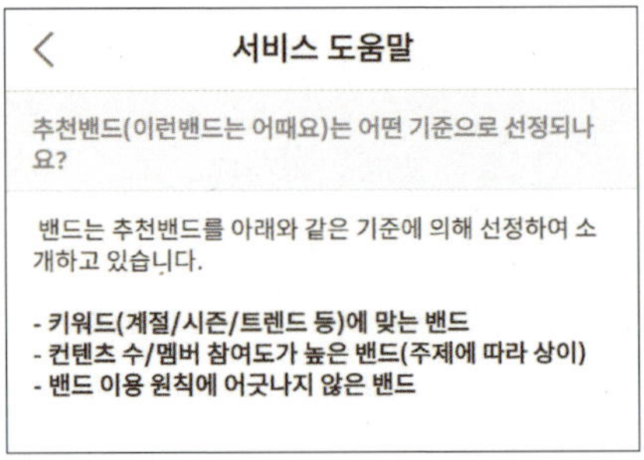

● 그림9. 이런 밴드는 어때요 선정 기준

[그림9]가 밴드 본사 측에서 제공하는 "이런 밴드는 어때요"의 기준이지만 애매하게 표현되어 있습니다.

이런 밴드는 어때요 기준

- 키워드(계절/시즌/트렌드 등)에 맞는 밴드

- 컨텐츠 수/멤버 참여도가 높은 밴드(주제에 따라 상이)

- 밴드 이용 원칙에 어긋나지 않은 밴드

이렇게 3가지 기준이지만 너무 넓은 기준으로 표현되어 있어 사실 정확히 무슨 기준에 의해서 노출되는지는 모르지만 [그림8]에 노출되어 있는 "이런 밴드는 어때요"를 보면 밴드 회원이 많거나 오래된 밴드가 노출되는 구조는 아닙니다. 초기에 운영되는 밴드를 지원하기 위한 정책으로 운영되는 듯하니 꾸준히 한두 달 운영하면 생각보단 노출이 잘 된다는 것을 참고하시면 됩니다.

02
밴드 초대 기능을 활용한 회원 모집

밴드 초대 기능 1. 연락처 초대

● 그림1. 밴드 첫 화면 "회원 초대" 기능

　현재 밴드는 검색을 통해 찾을 수 있게 되어 있지만 태생 자체는 폐쇄형 SNS이기 때문에 운영자가 특정 회원을 대상으로 초대 메시지나 초대 링크를 보내야만 가입할 수 있는 형태입니다. 그 중에 기존 연락처 대상들에게 메시지로 초대 링크를 보낼 수가 있는데요. [그림1]에서 보면 밴드 이름 하단에 "+초대" 버튼이 조그맣게 들어가 있습니다. 초대 버튼을 누르면 연락처 초대 버튼이 나오게 됩니다.

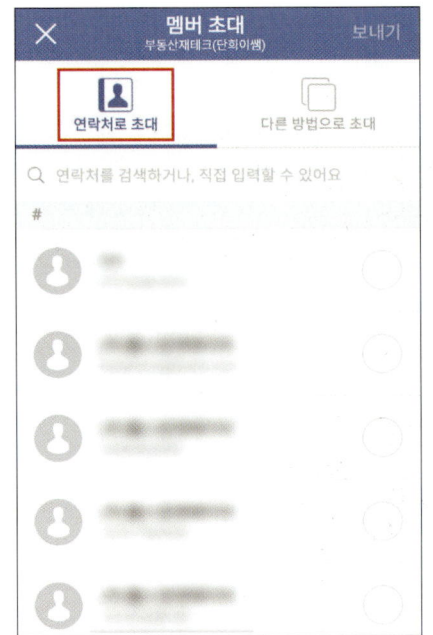 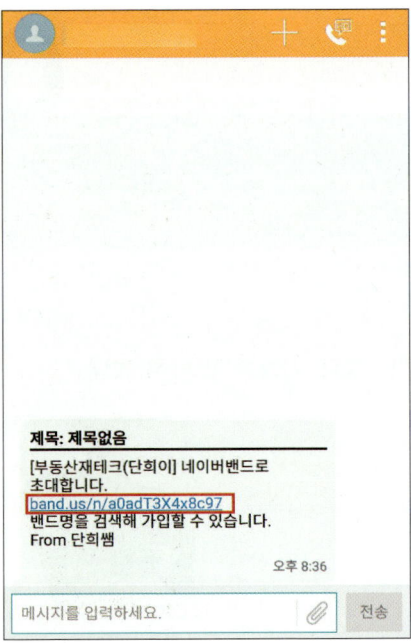

● 그림2~3. 연락처로 초대, 초대 링크 메세지 발송

　초대 버튼을 누르고 들어가면 연락처로 초대 버튼 메뉴가 나오는데요. 현재 핸드폰에 저장되어 있는 연락처 명단이 차례대로 정렬되어 나옵니다. 기존의 고객DB를 보유하고 있는 분이라면 이 기능을 활용해 자연스럽게 메시지를 보낼 수 있습니다. 하지만 [그림 3]의 메시지를 보시면 너무 기본적인 링크 메시지만 작성이 되어 부적절합니다. 기존 연락처에게 초대 링크를 보낼 거라면 대상에 맞는 멘트와 링크를 만들어 보내는 것이 회원 가입률을 높이는 방법입니다.

메시지를 받은 해당 회원이 링크를 클릭하게 되면 초대장이 보이게 됩니다. ==초대장 보기==를 누르면 2개의 버튼이 보이는데요. [그림5]처럼 "앱 설치"와 "밴드 열기" 버튼 2개가 노출됩니다. 초대를 받은 분이 어떤 버튼을 누르는지에 따라서 나오는 화면이 달라집니다.

● 그림4. 초대장 노출 모습

● 그림5~6. 초대장 버튼 2개, 앱 설치 버튼을 누를 시 노출 화면

링크를 받은 상황이 크게 2가지로 나뉩니다. 초대 메시지를 받으신 분의 밴드 앱이 이미 설치가 되어 있거나 아니면 반대로 설치가 안되어 있는 분이 있을 수도 있습니다. 설치가 안되어 있다면 "앱 설치" 버튼을 눌러 [그림5,6]처럼 밴드 앱을 설치하고 초대장을 보셔야 합니다. 밴드를 이용하시는 분들의 전체적인 연령대가 높다보니 알아서 설치를 할 것 같지만 생각보다 이 단계에서 포기하는 분이 은근히 많습니다. 회원들에게 메시지를 보낼 때 이러한 내용까지 자세하고 친절하게 설명되어 있다면 가입률을 소폭 상승시킬 수 있습니다.

초대장 밴드 열기를 누르게 되면 [그림7]처럼 밴드 앱이 바로 열리고 초대장이 보이게 됩니다. (밴드 앱이 설치되어 있지 않으면 안됨)

 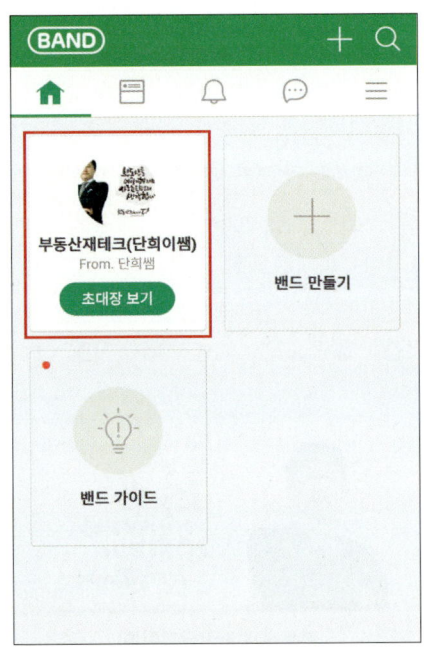

● 그림7~8. 초대장 밴드 열기 버튼 누를 시 화면

밴드 앱이 이미 설치되어 있다면 [그림7]처럼 초대장이 바로 보이게 되고 설치가 되어 있지 않으면 초대장의 앱 설치를 누르고 설치를 한 후에 밴드를 접속하면 밴드 홈 화면에 초대장이 상단에 배치됩니다. 상단 초대장을 누르면 [그림7]의 초대장이 다시 노출되어 자연스럽게 가입으로 유도됩니다.

보셨듯이 밴드 초대 링크 주소를 보내면 이렇게 다양한 경로로 가입 유도가 됩니다. 밴드 홍보를 위해 초대 메세지를 링크 공유 시 실수하는 분이 간혹 있는데요. [그림9]를 보시면 밴드 초대 링크 주소가 아닌 처음 밴드 개설 시 설정했던 밴드 공식 URL을 공유해서 노출된 모습입니다. 공식 URL을 메시지로 보내서 공유하면 초대장 없이 밴드 홈 화면으로 바로 노출됩니다. 우측 상단에 "가입" 버튼이 있지만 초대장보다 주목도가 낮기 때문에 가입을 유도할 때는 공식 URL 보다는 초대 링크 주소를 보내는게 가입을 많이 만드는데 가장 최적화되어 있습니다. 사소한 부분이지만 어떤 링크를 보내는지에 따라서도 가입률이 달라지니 유의해서 홍보해 주세요.

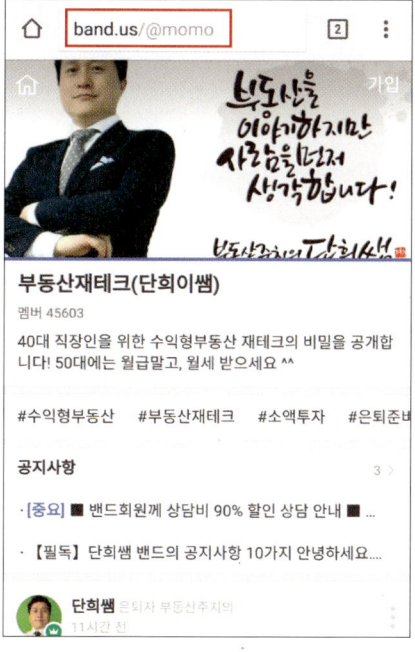

● 그림9. 밴드 URL 공유 시 노출 화면

단축 URL TIP!!

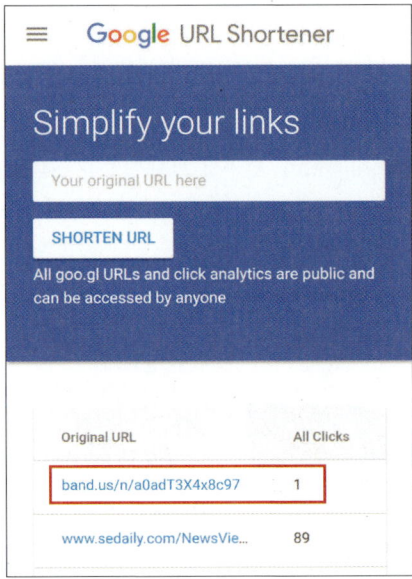

● 그림10. 구글 단축 주소

밴드 초대 링크를 보낼 때 "구글 단축 주소"를 활용하면 해당 링크를 몇 명이 클릭했는지 알 수 있습니다. 클릭 수 대비 회원 가입 수를 밴드 내에서 확인하면 홍보 성과를 파악하는데 큰 도움이 됩니다. 네이버나 구글에서 "구글 단축 주소"를 검색하면 무료로 누구나 활용할 수 있으니 꼭! 사용해 보세요. 단축 주소는 SNS 마케터에게 필수입니다.

※ Google URL Shortener (https://goo.gl)

밴드 초대 기능 2. 초대 링크 공유하기

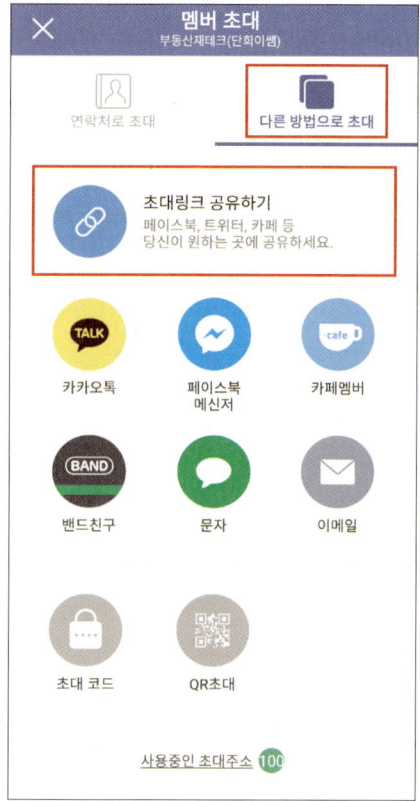

● 그림11. 다른 방법으로 초대 → 초대 링크 공유하기

연락처 초대 외 다른 방법으로 초대 버튼을 누르면 여러 가지 초대 기능이 나오는데요. "초대 링크 공유하기"를 누르면 연락처 초대 기능을 이용할 때처럼 초대장 링크 전용 주소가 생깁니다. 초대 링크의 유효 기간은 링크를 만든 시점으로부터 최대 1년입니다. 초대 링크 공유하기를 활용하여 홍보를 가장 많이 합니다.

밴드 초대 기능 3. 메신저, 카페, 문자, 이메일 초대

● 그림11. 카카오톡, 페북 메신저, 카페 멤버, 문자, 이메일 초대

　카카오톡, 페이스북 메신저, 카페 멤버, 문자, 이메일 등 다른 방법으로 여러 가지 초대가 가능하지만 해당 5가지의 기능은 큰 기능은 아니고 각 채널로 링크만 걸어주는 방식입니다. 링크를 만든 시점부터 최대 유효 기간이 30일 정도 밖에 안되기 때문에 다른 채널로 공유를 원할 시는 차라리 상단의 "초대 링크 공유하기" 버튼을 통해 링크 주소를 만들어 각 채널에 들어가서 링크를 삽입하는 것이 더 좋습니다.

밴드 초대 기능 4. 밴드 친구 초대

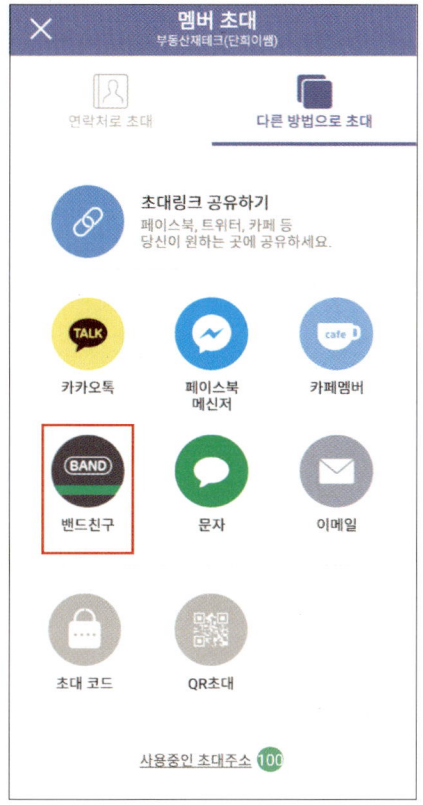

● 그림11. 밴드 친구 초대

밴드 친구 초대 기능은 자신의 고객이 없는 사람이 무료로 홍보하는 방법 중 가장 좋은 툴인데요. 예전엔 무제한으로 초대가 가능했지만 현재는 마케터들의 무분별한 사용으로 한 ID당 하루 최대 50명한테까지 발송이 제한되어 있습니다. 50명한테 발송해도 회원 가입은 생각보다 많이 되지 않아 지금은 쓰기 힘들어 ID를 대량 생성해 홍보하는 분도 있지만 밴드 본사에서 적극적으로 대량 생성 ID를 강제 탈퇴 조치하거나 밴드 로그인 자체를 못하게 대응하고 있기 때문에 추천하지는 않습니다.

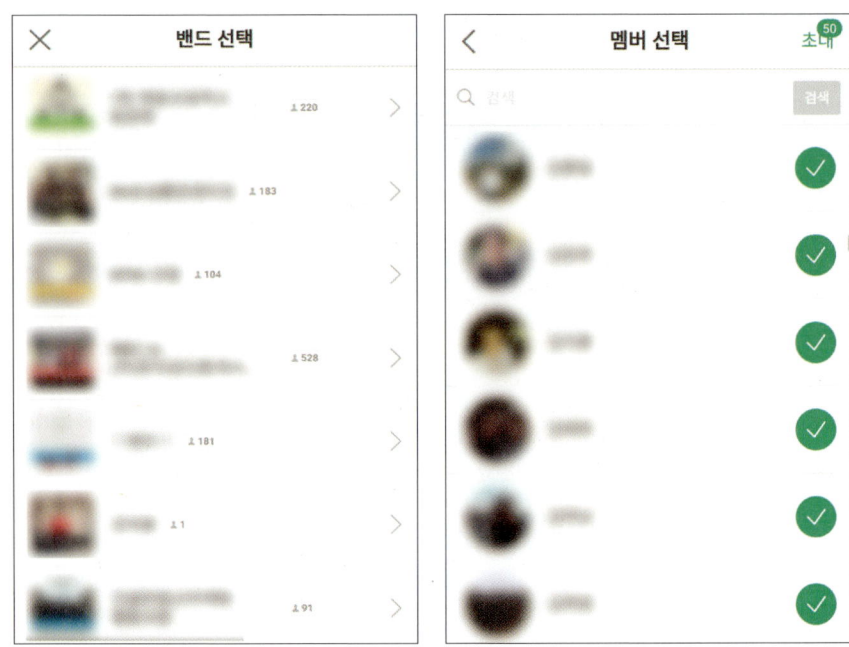

● 그림12~13. 밴드 친구 → 밴드 선택 → 멤버 선택 1일 최대 50명

   1일 최대 한 개의 ID당 50명 초대 제한도 있지만 밴드도 아무 밴드나 초대되지 않습니다. 어떤 밴드를 초대할 수 있는지 밴드 본사의 방침을 보겠습니다. (다른 밴드에 가입이 되어 있어야 초대가 가능함)

다른 밴드 멤버 초대가 제한되는 밴드
- 빅밴드(멤버수 무제한으로 설정 + 실제 가입 멤버수가 1000명 이상 밴드)
- 게임친구 밴드
- 어린이집 밴드, 유치원 밴드, 반 밴드, 학부모 밴드, 동창 밴드
- 즉시 가입이 가능한 밴드명 공개 또는 공개 밴드

   위 원칙에 해당하지 않는 밴드는 빅밴드(무제한 인원 밴드)가 아니고 비공개 밴드이면 됩니다. 초대로 가입한 비공개 밴드만 가입이 가능하다는 이야기인데요. 이런 밴드는 가입하기 힘들기 때문에 사실 초대할 수 있는 밴드를 거의 찾아 보기 힘듭니다.

밴드 초대 기능 5. 초대 코드 만들기

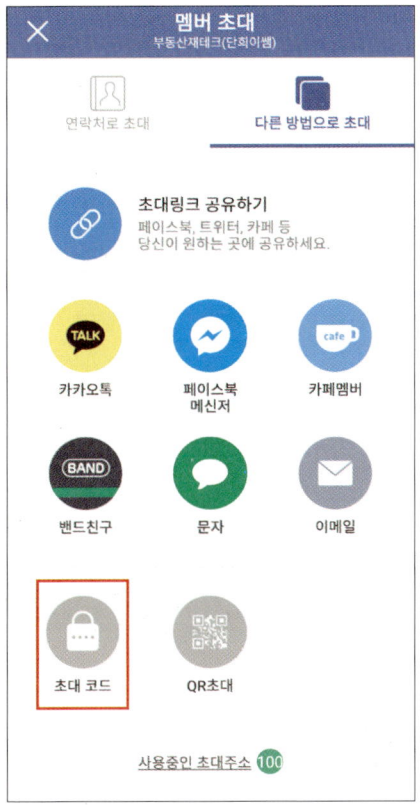

● 그림11. 초대 코드 만들기

초대 코드를 만드는 방법도 따로 있는데요. 초대 코드는 입력하는 과정이 번거로운 대신 특정 회원들 대상으로만 비공개로 가입시키고 싶을 경우 보안상 이용하면 좋습니다. 초대 코드의 유효 기한은 24시간입니다. 선착순 가입 신청이나 제한을 걸 때 이용해도 좋습니다.

● 그림14. 초대 코드 만들기

　[그림14]처럼 24시간만 유지되는 초대 코드를 따로 만들 수 있습니다. 초대 코드를 만든 다음 코드를 받은 회원이 코드를 통해 회원 가입을 하려면 밴드 첫 화면에서 우측 상단의 메뉴 버튼을 누릅니다.

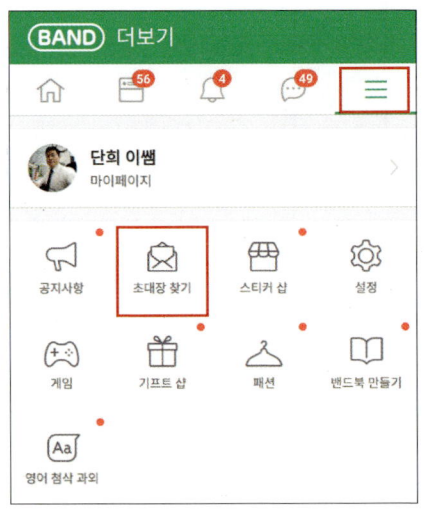

● 그림15. 우측 상단 메뉴 → 초대장 찾기

　그 다음 초대장 찾기 버튼을 누르면 숫자 문자 코드 초대장을 입력할 수 있습니다.

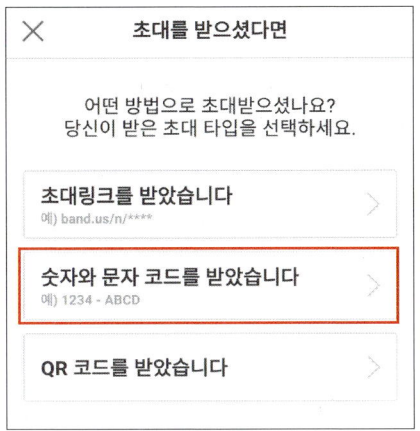

● 그림16. 숫자 문자 코드 초대장

    확인했던 초대장의 숫자, 문자 코드를 입력하면 가입 가능한 화면으로 자동 이동됩니다. 초대 코드는 많이 사용하진 않지만 앞서 소개 드린 비공개 보안이나 선착순 24시간 가입과 같은 이벤트에 활용하면 좋습니다.

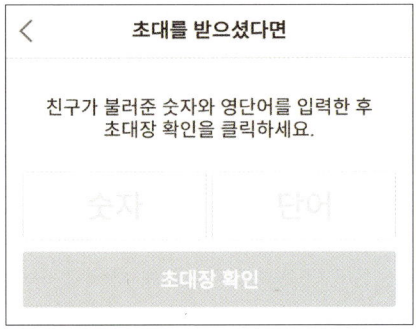

● 그림17. 숫자 문자 코드 입력

밴드 초대 기능 6. QR 초대

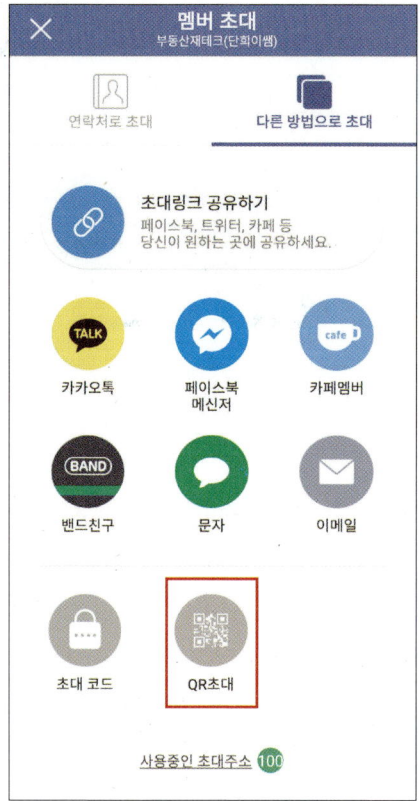

● 그림11. QR코드 초대 만들기

　　QR코드는 많이 사용하진 않지만 온오프라인으로 연결할 수 있는 코드가 있기 때문에 간혹 홍보용으로 사용하시는 분도 있습니다. 오프라인 쿠폰북 삽입을 해두거나 온라인 이벤트로도 아직까지 사용하긴 합니다. 하지만 QR코드가 무엇인지도 모르는 일반인들이 많아 추천하진 않습니다.

● 그림18. QR코드 생성

위 [그림18]이 QR코드 생성 모습입니다. 이미지를 저장해서 메신저나 메시지로 이미지 자체를 보내도 됩니다. QR코드를 확인하는 방법은 앞서 설명드린 초대 코드를 확인하는 화면에 QR코드 확인을 하는 버튼이 있으니 동일한 방법의 경로를 따라가시면 됩니다.

밴드 초대 기능 7. 사용 중인 초대 주소 확인

● 그림11. 사용 중인 초대 주소 확인

　사용했던 모든 초대 링크의 주소를 확인할 수 있습니다. 더불어 각 링크 주소의 유효 기간도 확인할 수 있어 홍보하는데 활용하면 좋습니다. 유효 기간이 지난 링크는 새롭게 만들어 업데이트 해주어야 합니다.

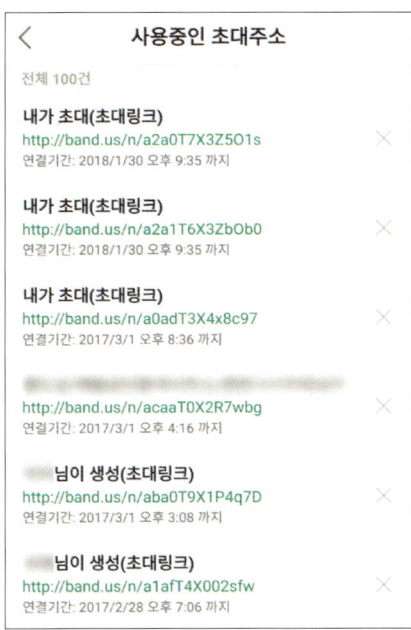

● 그림19. 사용 중인 초대 주소 링크 확인

　내가 만든 링크뿐만 아니라 활동 중인 회원들이 생성한 공유 링크도 확인할 수 있습니다. 회원들이 생성한 공유 링크가 많다는 것은 내가 밴드 운영을 잘하고 있다는 얘기겠죠.
　여러 가지 초대 기능이 있지만 밴드 내에서 홍보를 하는 방법이 많지 않아 외부 채널에서 홍보를 하여 밴드 내로 유입하는 방법을 사용해야 합니다. 기존 고객 연락처가 없는 분은 다음 장의 콘텐츠를 활용한 회원 모집을 참고해서 홍보해 주세요.

03
콘텐츠를 활용한 회원 모집

콘텐츠 공유의 미비한 효과

● 그림1. 1일 평균 수십, 수백 개의 공유 발생

SNS에서 공유 기능은 핵심 기능 중 하나입니다. 경쟁 SNS 서비스인 카카오스토리, 페이스북 등의 서비스는 콘텐츠 자체의 힘으로 공유를 자연스럽게 늘려서 회원을 많이 늘려 가는데요. 밴드는 공유를 통한 홍보 효과가 얼마나 될까요?

현재 제가 운영 중인 밴드의 회원 수는 약 5만명 가까이 됩니다. 1일 평균 수십 수백 개의 공유가 일어나고 있으며, 활발한 활동을 하고 있는 밴드입니다. 부동산 밴드 중에서는 감히 1등 밴드라고 자신하고 있습니다. 그만큼 철저하게 애정을 가지며 장기간 운영을 해왔는데요. [그림1]의 콘텐츠 공유 숫자를 보면 129개입니다. 밴드 내에서는 결코 적지 않은 숫자의 공유 숫자이죠.

활성화가 꽤 많이 되어있는 밴드에서 자연스러운 공유를 통해 들어오는 회원이 많아봤자 20명이 채 안됩니다. 절망적이죠. 긍정적인 부분만 말씀드리면 좋겠지만 밴드도 완벽하지 않은 채널이기에 단점은 보시다시피 분명히 존재합니다. 공유 이벤트를 통해 대량 공유도 유도해 보았지만 신규 가입자 수는 평소와 별반 다르지 않았습니다. 이점과 관련해서 2016년 4월경 밴드 본사 담당자가 공식 세미나를 열어주어서 항의도 해보았지만 현재까지 개선의 여지는 아직 없습니다.

날짜	총 멤버수	방문 유저수	신규 멤버수
2017.01.27	45,644	6,488	5
2017.01.26	45,680	7,994	11
2017.01.25	45,727	6,681	21
2017.01.24	45,861	6,862	7

● 그림2. 하루 평균 신규 멤버 수

[그림2]를 보시면 현재 밴드의 하루 평균 신규 멤버 수입니다. 멤버 수가 5만명 가까이 되는데도 신규 멤버 수는 굉장히 미비해서 운영하는데 어려움은 있습니다. 콘텐츠를 통한 자연스러운 홍보가 많이 이루어질 수 있도록 밴드 측에서 공유 기능을 좀 더 활성화해줬으면 하는 바램입니다.

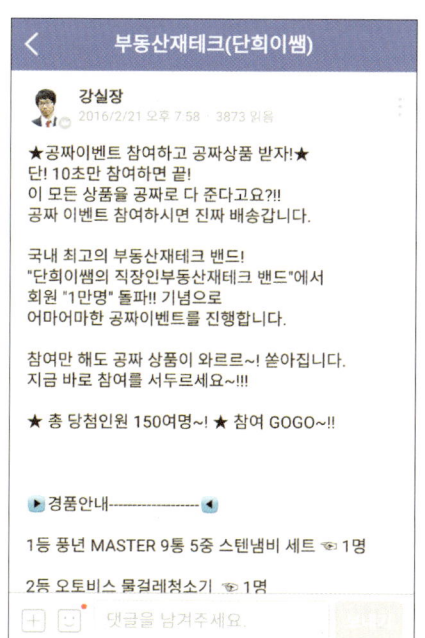

● 그림3~4. 공유 이벤트 진행

04

밴드 홈 & 새소식 광고로
1주일에 수천 명 모으기

밴드 홈 광고 새소식 광고 노출 위치

밴드 홈 광고는 가장 많이 사용되는 밴드 회원 모집 대표 광고 상품입니다. 노출 위치는 밴드 홈 화면의 하단 부분입니다.

● 그림1. 밴드 홈 광고 노출 위치

"새로고침"을 할 때마다 광고가 계속 변경되며 랜덤 노출됩니다. 해당 광고 버튼을 누를 시 광고 노출 밴드 홈 화면으로 떨어져 가입을 유도합니다.

● 그림2. 새소식 광고 노출 위치

　새소식 광고의 노출 위치는 종 모양의 새소식 메뉴에서 밴드 공지글 중간 4번째 위치에 노출됩니다. 홈 광고처럼 "새로고침"을 할 때마다 광고는 계속 변경됩니다.
　밴드 회원 모집 광고 상품 중 가장 많이 사용되는 밴드 홈 광고와 새소식 광고의 효과와 광고 운영 상세 방법을 말씀 드리겠습니다. 대부분의 밴드 운영자가 이 2가지 상품을 이용합니다.

밴드 홈 광고 새소식 광고의 효과

가장 많이 사용되는 광고 상품은 밴드 홈 광고이지만 같은 기간 대비 효과가 더욱 높은 상품은 새소식 광고입니다. 어떤 특징이 있는지 비교해 보겠습니다.

구 분	밴드 홈 광고	새소식 광고
광고 운영 기간	7일(월~일)	7일(월~일)
CPM 노출 수	500만 ~ 1000만	300만 ~ 700만
회원 모집 수	1천명 ~ 4천명 (최대 가입자수는 1000만 노출 기준)	3천명 ~ 7천명 (최대 가입자수는 700만 노출 기준)
광고 평균 입찰 비용	100만원 ~ 400만원	300만원 ~ 700만원

● 표1. 위 가입자 수는 평균치이며 광고 운영 방식과 시기에 따라 달라질 수 있습니다.

표1에서 보시듯이 1주일 동안 광고가 집행되면서 꽤 많은 회원이 가입됩니다. 몇백만 명의 회원에게 랜덤으로 노출되지만 광고 콘텐츠를 타겟에 맞추어 운영하고 내 밴드에 관심있는 사람만 가입을 하기 때문에 타겟팅이 충분히 가능합니다.

회원 가입이 많이 생기는 만큼 광고 운영 비용도 만만치 않습니다. 정확한 입찰가는 어떠한 밴드 운영자도 서로 공개하기를 꺼려합니다. 경쟁 입찰 방식이기 때문에 공개하면 바로 경쟁자가 생겨 비공개로 할 때가 많지만 필자의 1년여간의 광고 경험을 통해 최소, 최대의 입찰가를 말씀 드렸습니다. 입찰가는 경험 상 시기에 따라 굴곡이 굉장히 심합니다. 밴드 홈 광고를 최저로 입찰했을 때가 120원이었는데 최대 450원 이상으로 올라간 적도 있습니다.

입찰가 계산 공식 (밴드 홈 광고 기준)
1000회 노출당 100원 입찰 X 1000만 = 100만원(부가세 미포함)
1000회 노출당 450원 입찰 X 1000만 = 450만원(부가세 미포함)

입찰가 계산 공식 (새소식 광고 기준)
1000회 노출당 300원 입찰 X 1000만 = 300만원(부가세 미포함)
1000회 노출당 700원 입찰 X 1000만 = 700만원(부가세 미포함)

많은 회원이 가입되는 만큼 굉장히 고가의 비용이 들어갑니다. 경쟁 입찰 방식이라 그런데요. SNS 광고 상품 중 회원 가입을 직접적으로 도와주는 밴드같은 상품이 존재하지 않습니다. 그만큼 매력적인 상품이기 때문에 경쟁 마케터들과 사업자들이 많은 비용을 투자하며 회원을 모으고 있습니다. 이 부분이 책의 서두에 설명드렸던 진입 장벽 중 하나입니다. 전체적으로 따지고 보면 큰 비용이 아닐 수 있는데 단기간에 많은 비용이 들어가는 부담이 있고 회원을 모은 후 수익 모델이 명확하지 않은 사업자는 굉장히 부담스러운 광고이죠.

날짜	노출수	클릭수	클릭률	노출 회원수	가입자	전환율
2016.01.17	480,263	1,806	0.38%	244,561	118	6.53%
2016.01.16	511,804	2,014	0.39%	283,733	199	9.88%
2016.01.15	1,874,534	6,676	0.36%	853,465	445	6.67%
2016.01.14	2,369,813	10,141	0.43%	1,016,936	756	7.45%
2016.01.13	1,960,195	8,948	0.46%	859,556	685	7.66%
2016.01.12	1,503,891	6,913	0.46%	692,870	566	8.19%
2016.01.11	1,443,014	6,679	0.46%	642,162	590	8.83%

● 그림3. 밴드 홈 광고 가입자 수 (부동산재테크 밴드)

[그림3]은 2016.1.11 ~ 1.17 / 7일간 직접 운영했던 밴드 홈 광고 데이터입니다. 약 3천3백 명의 회원이 가입되었습니다. 광고 콘텐츠를 좀 더 신경쓴다면 더욱 높은 회원 수를 가입시킬 수 있습니다.

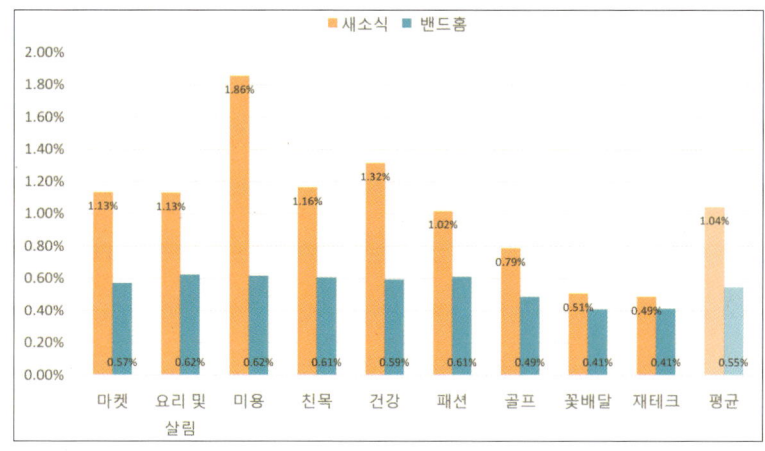

● 그림4. 업종별 CTR / 2016년 1월 2주차 ~ 4월 1주차 집행
(출처 : 밴드 본사 광고주 교육 자료)

업종별 CTR 그래프인데요. 새소식 광고에서는 미용쪽이 가장 높은 CTR을 나타나고 있고, 가장 낮은 CTR은 재테크 분야였습니다. 밴드 홈 광고도 비슷한 그래프를 보이고 있습니다. CTR은 단순한 클릭률이기 때문에 실제 가입자 수는 아래 그림을 통해 더 자세히 살펴보겠습니다.

> **CTR이란?**
>
> **클릭율 (CTR, Click-Through Rate)**
> 클릭 수를 노출 수로 나눈 값 (클릭수 / 노출수 * 100)
> 예컨대 특정 광고가 100번 노출되었을 때, 3번 클릭된다면 CTR은 3%가 된다.
> (출처 : 네이버 광고 용어 사전)

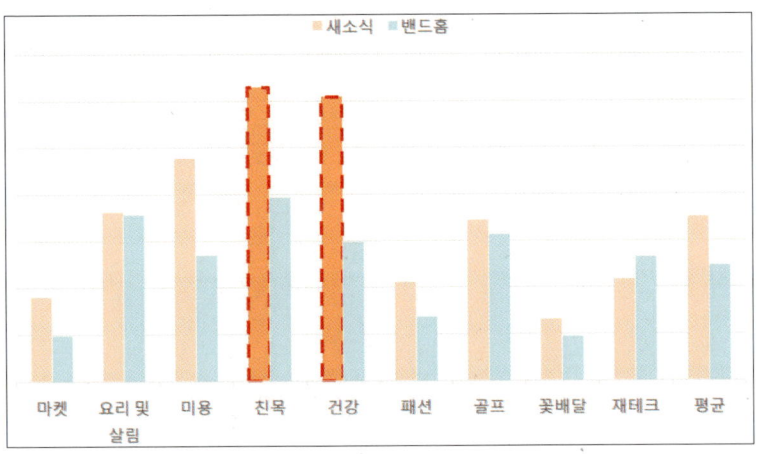

● 그림5. 업종별 가입자 / 2016년 1월 2주차 ~ 4월 1주차 집행
(출처 : 밴드 본사 광고주 교육 자료)

[그림5]가 업종별 가입자 그래프인데요. 밴드 자체의 커뮤니티 기능과 중장년층이 많다 보니 친목과 건강 밴드의 가입자 수가 가장 많은 듯합니다. 밴드에서 어떤 주제로 회원을 모을지 정할 때 참고해서 모으면 유익한 그래프 자료입니다.

본사에서 제공한 자료이니 신뢰하셔도 좋지만 시기별로 가입자 수와 입찰가도 많이 다르니 맹신하지는 마세요. 정확한 가입자 수를 파악하는 법은 밴드 광고 대행사에 문의를 하여 최신 정보를 취득하는 것이 좋습니다.

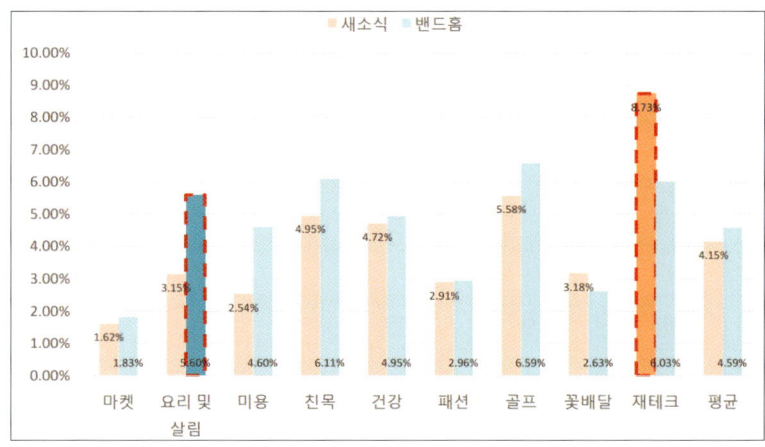

● 그림6. 업종별 CVR / 2016년 1월 2주차 ~ 4월 1주차 집행
(출처 : 밴드 본사 광고주 교육 자료)

위 자료는 업종별 CVR입니다. 클릭률과 실제 가입자 수와는 또 다른 결과를 보입니다. 노출수 대비 CVR은 재테크가 가장 높고 최저는 요리쪽입니다. 타겟들의 특징들도 살펴볼 수 있습니다. 신뢰할 수 있는 것이 위 [그림3]의 실제 필자가 집행한 광고 데이터를 보면 전환율이 6% ~ 9% 정도입니다. 굉장히 높은 수치이죠.

CVR이란?

구매전환율 (CVR, Conversion Rate)
광고를 클릭하여 사이트에 들어온 방문자가 실제 구매 활동 회원 가입, 구매, 장바구니 담기 등 광고주가 원하는 특정 행위을 하는 비율.
구매전환율 = 전환수(구매 횟수) / 클릭수 * 100

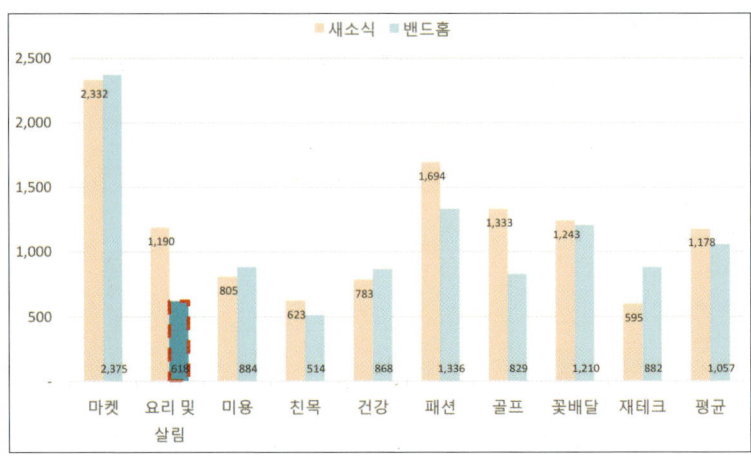

● 그림7. 업종별 CPA / 2016년 1월 2주차 ~ 4월 1주차 집행
(출처 : 밴드 본사 광고주 교육 자료)

CPA 그래프를 보면 요리 & 살림쪽이 가장 낮고 상업 마켓형 업종이 가장 높은 것을 알 수 있습니다. 광고 입찰가가 아닌 회원 가입당 전환 단가를 계산한 것이니 광고 예산을 산출할 때 참고하시면 좋습니다.

CPA란?

CPA (Cost-Per-Action)
① 온라인 광고의 가격을 책정하는 방법 중 하나.
사용자가 광고를 클릭해 광고주의 사이트로 이동한 후 광고주가 원하는 특정 액션(구매, 회원 가입 등)을 한 횟수에 따라 과금.

② 광고주가 원하는 액션 한 번에 대한 광고 비용, 광고 효과 측정의 지표로 활용됨.

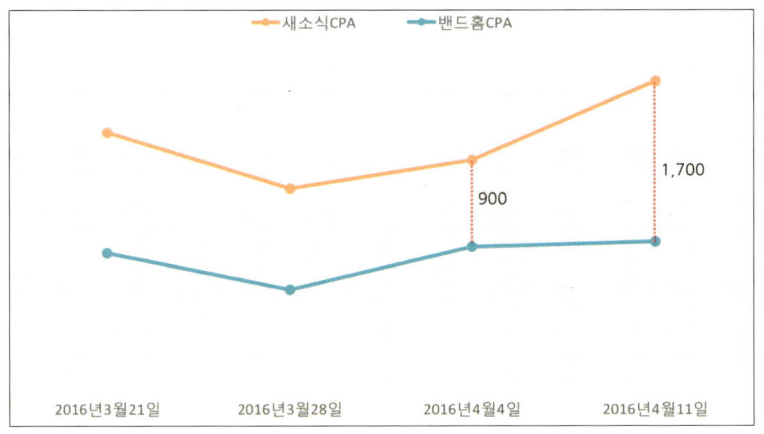

● 그림8. 평균 CPA 흐름
(출처 : 밴드 본사 광고주 교육 자료)

[그림8]을 보면 알 수 있듯이 CPA도 시기에 따라 큰 차이가 있음을 알 수 있습니다. 광고 시기도 적절하게 맞추어야 합니다.

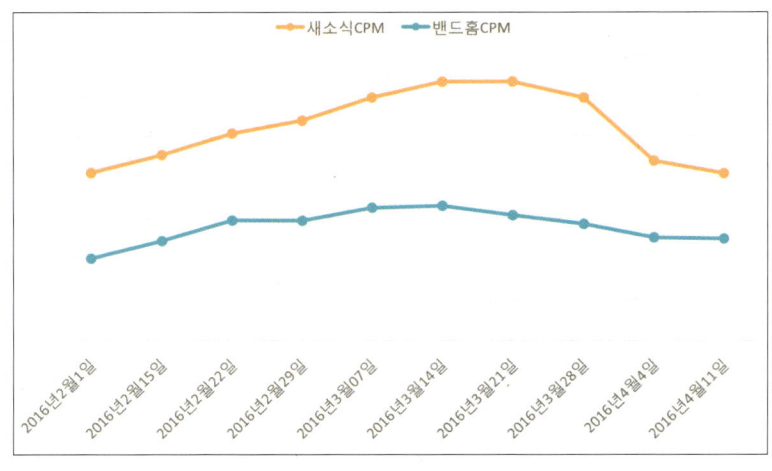

● 그림9. 평균 낙찰가 흐름
(출처 : 밴드 본사 광고주 교육 자료)

밴드 광고에서 가장 중요한 평균 낙찰가 흐름입니다. CPA와 마찬가지로 시기에 따라 낙찰가 흐름의 굴곡이 심한 것을 확인할 수 있습니다. 필자의 경험을 통해 더 자세히 살펴보면 2016년 1월초에는 100원 초반대 입찰이 가능했었지만 2016년 4월 가까이 가면서 400원 이상으로 올라갔던 적이 있습니다. 1000만 이상 입찰할 경우 똑같은 광고 효과이지만 100만원과 400만원의 큰 광고 금액 차이가 있었습니다. 그 시기엔 광고 입찰 금액이 높아 광고 운영을 잠시 중단하고 가을부터 다시 진행했었습니다.

밴드 홈 광고는
CVR이 높고 CPM,CPA가 전체적으로 낮은 편입니다. 성과가 높은 업종은 요리 및 살림과 골프 업종이고요.

새소식 광고는
CTR이 높고 가입 회원 수도 홈 광고 대비 높습니다. 대신 업종 영향의 편차가 큰 편이어서 리스크가 있으며 성과가 높은 업종은 재테크와 친목입니다.

전체적으로 정리한 자료일 뿐이니 좀 더 자세한 내용은 현재 운영 중인 경쟁 업종의 밴드 광고 성과를 추적해 보는 것이 가장 좋습니다. 추적을 하는 방법은 광고 상세 운영 방법에서 안내 드리겠습니다.

광고 준비 (빅밴드 전환)
광고를 운영하기 위해서는 최대 멤버 수가 1000명인 기본 밴드에서는 불가능합니다. https://bizcenter.band.us 〈 PC에서 해당 주소로 접속하시기 바랍니다.

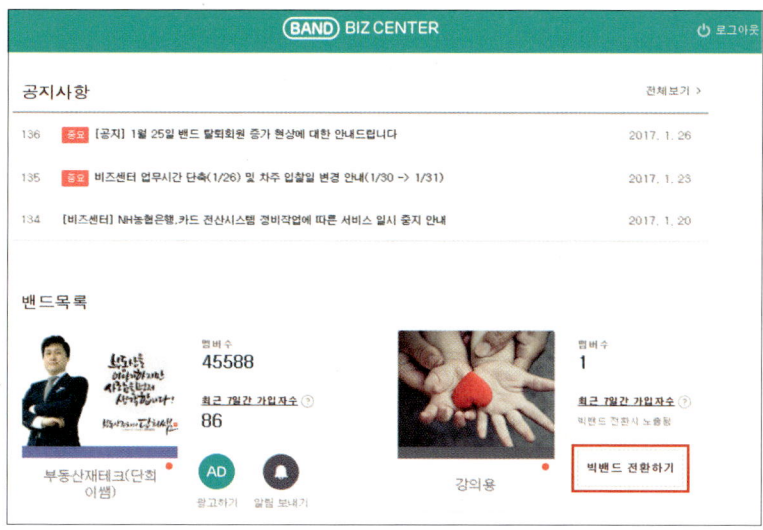

● 그림10. 밴드 광고주 센터 접속 화면

해당 주소로 접속해 로그인을 하면 [그림10]의 화면이 노출됩니다. 정상적으로 로그인이 됐다면 운영 중인 밴드가 보이실 겁니다. 광고 운영을 하고 싶은 밴드의 "빅밴드 전환하기" 버튼을 누르세요.

전환하기 버튼을 누르면 빅밴드 전환 안내 메시지가 나옵니다. 빅밴드를 전환하기 위해서는 최대 멤버 수가 무제한 밴드로 설정되어 있어야 하는데요. 따로 설정할 필요 없이 전환하기 버튼을 누르면 자동으로 무제한 밴드로 전환됩니다.

● 그림11. 빅밴드 전환하기 안내 메세지

빅밴드 전환 후 파트너 정보를 입력해야 합니다. 파트너 정보 입력 버튼을 눌러주세요. 사업자가 아닌 개인도 가능합니다.

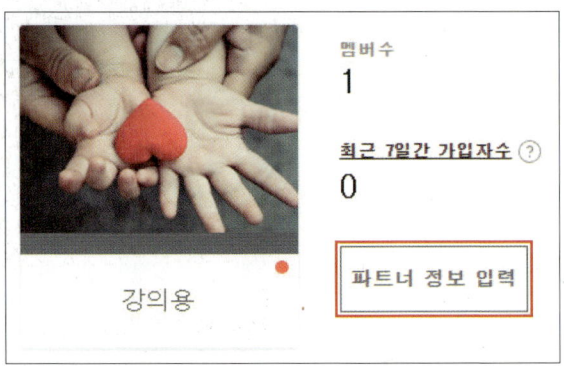

● 그림12. 파트너 정보 입력

파트너 정보 입력 버튼을 누르면 사업자와 개인을 선택하는 화면이 나옵니다. 둘 중 편한 방법대로 선택하시고 세부 파트너 정보를 반드시 기입해 주세요. 전부 기입이 완료되면 [그림13]처럼 파트너 정보가 등록된 것을 확인할 수 있습니다.

● 그림13. 파트너 정보 입력 화면

파트너 정보까지 입력이 됐다면 광고비를 미리 선충전해야 합니다. 입찰 예상 금액을 미리 파악하여 넉넉하게 선충전을 해두시는게 좋습니다. 결제 방식은 여러 가지가 있으니 편한 방법으로 사용하시면 됩니다.

● 그림14. 광고비 충전

광고를 등록하기 위한 기본 준비는 거의 다 끝났습니다. 본격적으로 광고를 등록해야 하는데요. 광고하기 버튼을 누르면 우측 상단에 "상품 소개서"와 "검수 가이드" 파일을 다운로드 받을 수 있습니다.

● 그림15. 광고 등록 준비

2개 파일은 모두 다운받아서 반드시 정독하셔야 합니다. 상품 소개서는 간단히 보시고 검수 가이드는 꼼꼼하게 보셔야 합니다. 광고 검수 가이드에 맞지 않게 광고를 등록하면 애초에 광고 등록 자체가 불가능합니다. 해당 검수 가이드에 따르지 않으면 돈이 많다고 해도 광고 집행을 할 수 없습니다.

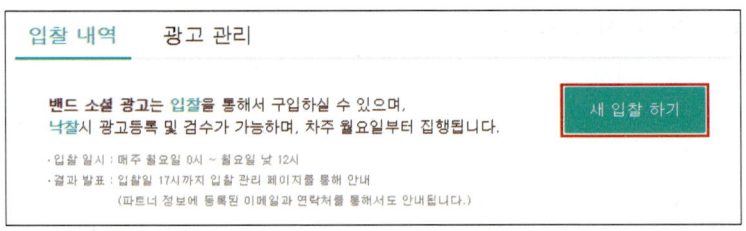

● 그림16. 광고 입찰하기

밴드 광고는 매주 월요일 자정 0시부터 ~ 월요일 점심 12시까지 입찰을 합니다. 점심 12시가 1분이라도 지나면 차주 월요일에 다시 입찰을 해야 하니 시간을 지켜야 합니다. 입찰 결과는 당일 월요일 오후 5시까지 낙찰/유찰 결과가 파트너 정보에 등록된 연락처와 이메일로 메시지가 옵니다. 낙찰이 됐다면 차주 월요일 자정 0시부터 ~ 일요일까지 노출이 됩니다.

기본 정보를 파악했다면 <mark>새 입찰하기</mark> 버튼을 누르고 광고 입찰을 시작해 보겠습니다.

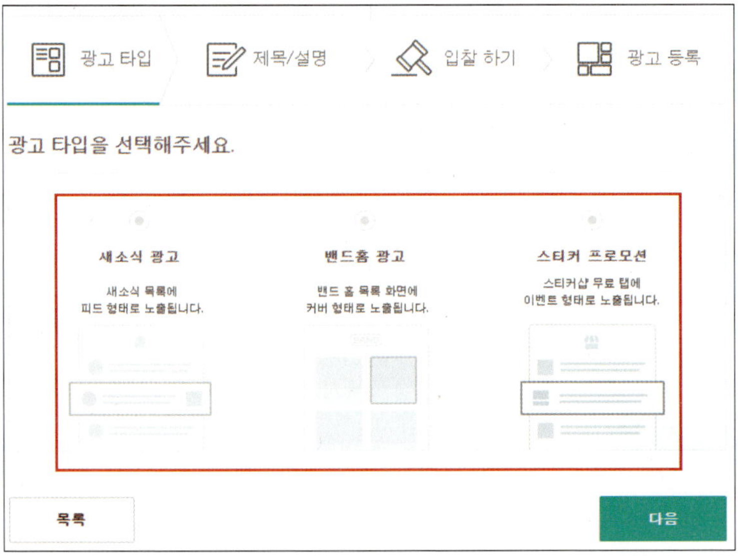

● 그림17. 광고 타입 선택

밴드 광고는 총 4단계로 진행됩니다.

첫 번째 광고 타입 설정은

==새소식 광고==, ==밴드 홈 광고==, ==스티커 광고== 3개 중 선택을 하면 됩니다. 처음 광고를 집행하는 분은 가장 적은 금액으로 광고를 운영해볼 수 있는 안정적인 밴드 홈 광고 입찰을 추천합니다. 빠른 시간안에 좀 더 많은 회원을 확보하고 싶다면 새소식 광고와 스티커 광고를 활용해도 좋습니다. 대신 광고비가 많이 들어가겠죠. 어떤 광고를 선택할지는 뒷부분의 광고 운영 방법을 정독하시고 판단하셔도 늦지 않습니다.

광고 타입 설정시 주의사항!

광고 타입은 선택되면 변경이 불가능합니다. 다른 타입으로 변경하고자 하는 경우 해당 건을 삭제하신 후 "새 입찰하기"를 해주세요.
1주일에 타입별로 1개씩 등록할 수 있습니다. 모든 타입 낙찰 시 최대 3개까지 등록 가능합니다.

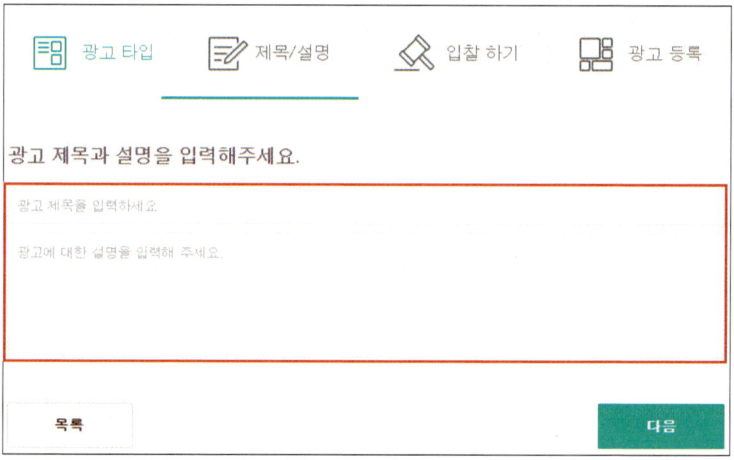

● 그림18. 광고 제목 / 설명

두 번째 제목/설명 설정은

회원들에게 실제 노출되는 광고 내용이 아닌 광고 검수 담당자에게 메모할 내용이나 내 광고를 구분하기 위해 설정하는 제목/설명입니다.

> **광고 제목/설명 작성 시 주의사항!**
>
> 신규 밴드로 광고를 집행하는 경우에는 이미 등록된 콘텐츠가 없거나 충분치 않을 경우 담당자가 이 광고와 밴드를 이해하기 어려울 수 있습니다. 설명란에 충분한 설명을 입력해 주시면 빠른 검수 진행에 도움이 됩니다. 제목/설명은 관리용 정보로, 밴드 사용자에게 노출되지 않습니다.

● 그림19. 입찰 금액 설정

세 번째 입찰하기 설정은

충전된 금액 안에서 입찰을 진행할 수 있습니다. 밴드 홈 광고와 새소식 광고의 최소 최대 CPM 노출 횟수가 다르니 아래표를 참고하여 입찰해 주시기 바랍니다.

구 분	밴드 홈 광고	새소식 광고
광고 운영 기간	7일(월~일)	7일(월~일)
CPM 노출 수	500만 ~ 1000만	300만 ~ 700만
회원 모집 수	1천명 ~ 4천명 (최대 가입자수는 1000만 노출 기준)	3천명 ~ 7천명 (최대 가입자수는 700만 노출 기준)
광고 평균 입찰 비용	100만원 ~ 400만원	300만원 ~ 700만원

● 표1. 위 가입자 수는 평균치이며 광고 운영 방식과 시기에 따라 달라질 수 있습니다.

입찰 시 주의사항!

CPM은 10원, 노출 수는 1,000,000회 단위로만 입찰 가능합니다.
CPM은 최소 100원 ~ 최대 1,000원까지 입력할 수 있습니다.

밴드 홈 광고의 노출 수는 최소 500만회 ~ 최대 1000만회까지 입력할 수 있습니다.
새소식 광고의 노출 수는 최소 300만회 ~ 최대 700만회까지 입력할 수 있습니다.

입찰 마감은 월요일 낮 12시이며, 입찰 결과는 입찰일 17시까지 안내됩니다.

● 그림20. 광고 노출 기간 확인

광고가 월요일 오후 5시에 유찰이 아닌 낙찰이 된다면 차주 월요일 자정부터 노출이 시작되니 노출 기간도 꼭 같이 확인해 주세요.

네 번째 광고 소재 등록은

낙찰이 완료된 상태에서만 등록할 수 있습니다. 미리 할 필요가 없는거죠. 그리고 낙찰이 되면 차주 월요일 자정부터 노출되니 낙찰 결과를 확인한 후 한 주 동안 광고 소재를 여러 개 미리 준비해두는 것이 좋습니다. [그림21]의 새 소재 만들기 버튼을 누르면 광고 목적을 등록할 수 있는 화면이 나옵니다. 내 밴드 알리기와 내 밴드의 특정글 알리기 2가지 목적이 나오는데요. 내 밴드 알리기는 밴드의 가입자를 늘리는 것이 주 목적이고 내 밴드의 특정 글 알리기는 이벤트 참여자를 늘리거나 상품을 직접적으로 판매하고 싶을 때 사용합니다. 회원을 늘리고 싶다면 반드시 "내 밴드 알리기" 목적으로 선택을 해주세요. 내 밴드의 특정 글 알리기로 광고 운영 시 해당글의 조회 수는 높아지지만 가입자 수는 늘지 않는 불상사가 생길 수도 있습니다.

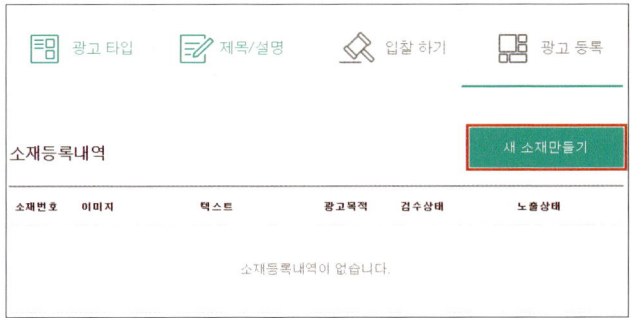

● 그림21. 광고 소재 등록

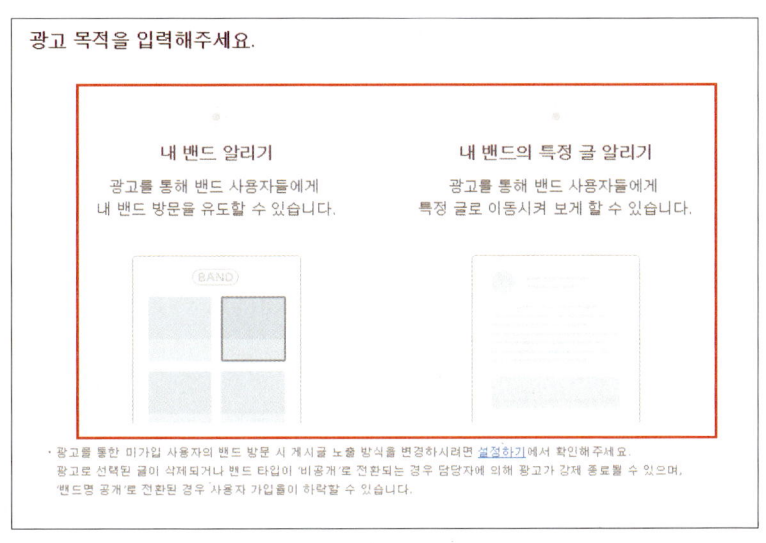

● 그림22. 광고 소재 등록

광고 목적 선택 시 주의사항!

광고를 통한 미가입 사용자의 밴드 방문 시 게시글 노출 방식을 변경할 수 있습니다. (미가입 사용자의 밴드 방문시 게시글 노출 방식을 선택합니다.
ex : 최신글 순 인기글 순)

광고로 선택된 글이 삭제되거나 밴드 타입이 '비공개'로 전환되는 경우 담당자에 의해 광고가 강제 종료될 수 있으며, 밴드명 공개로 전환된 경우 사용자 가입율이 하락할 수 있습니다.

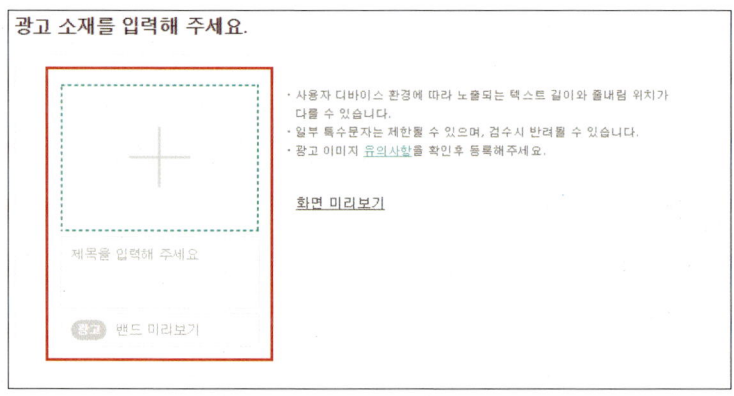

● 그림23. 밴드 홈 광고 소재 등록

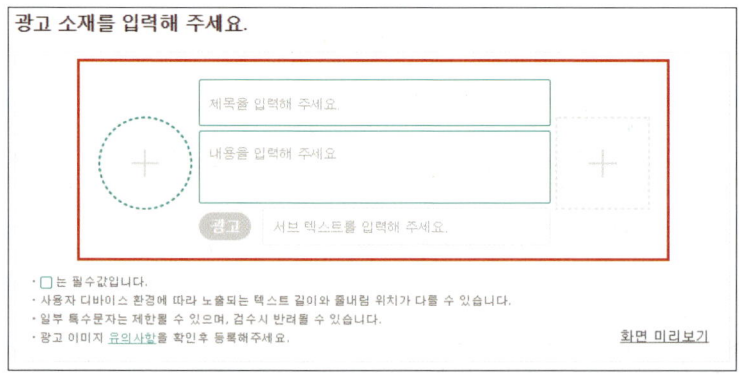

● 그림23-2. 새소식 광고 소재 등록

밴드 광고의 승패는 광고 소재가 거의 전부라고 보면 되는데요. 소재 외에는 밴드 첫 화면의 "밴드 이름, 밴드 배경 커버, 공지글, 인기글, 해시 태그, 최신글 등"에 따라 회원 가입 전환률이 달라지니 광고 운영 시 탄력적으로 테스트 해보시기 바랍니다.

광고 소재 등록시 검수 가이드에 맞춰서 등록은 필수이니 유념해서 등록해 주시고 소재를 통해 회원 가입 전환률을 높이려면 광고 이미지, 광고 카피를 미리 준비해야 합니다.

광고 소재 준비

광고 콘텐츠를 운영해 보지 않은 사람은 소재를 제작하는 것이 굉장히 어렵습니다. 그리고 밴드 광고는 광고비가 굉장히 고가이기 때문에 연습을 할 수가 없습니다. 무조건 성과를 내야 하는 광고이죠. 대박은 아니지만 중간 이상은 할 수 있는 광고 소재 준비 방법을 설명 드리겠습니다. 일단 광고를 운영하기 몇 주 전부터 미리 다른 밴드 광고 콘텐츠를 조사해야 하는데요.

● 그림1~2. 밴드 홈 광고, 새소식 광고는 새로 고침 시 계속 변경됨 (광고 추적 조사)

매주 월요일 자정 0시부터 ~ 일요일까지 다른 밴드도 광고가 노출되기 때문에 월요일 자정 0시에 밴드 홈 광고와 새소식 광고에 노출되는 밴드를 모두 추적해서 월요일 0시의 회원 숫자를 기록합니다. 그리고 운영 중인 밴드 광고 이미지와 멘트도 캡처를 해둬서 저장합니다. 그리고 매일매일 일요일까지 모니터링을 하며 소재가 어떻게 변경되는지 추적을 하고 일요일이 됐을 때 최종 몇 명의 회원 가입이 늘었는지 확인을 하면 번거롭기는 해도 가장 확실한 실패 사례와 성공 사례를 직접 알아볼 수 있습니다. 그 사례자료를 바탕으로 차주 나의 광고 소재를 준비해서 등록하시면 됩니다.

광고 소재는 실제 가입자 수를 매일 모니터링하여 수시로 변경을 해야 하기 때문에 최소 2~3개 이상 넉넉하게 준비하시는 것이 좋습니다. 고가의 광고비를 낭비하지 않기 위해선 이 정도 노력은 기본이라 할 수 있습니다.

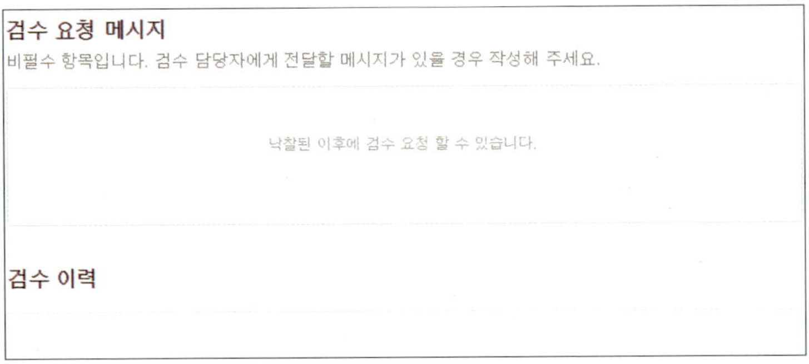

● 그림24. 검수 요청 메세지 작성

마지막 검수 요청 메시지 까지 작성하면 소재 등록은 완료되고 빠른 시간 안에 광고 소재 검수가 완료됩니다. 소재 검수가 불가라고 판정되면 불가 사유를 수정 반영해서 광고 노출일 전까지 빠르게 수정 검수를 재요청합니다. 여기까지 셋팅이 완료되면 광고 등록은 완료됩니다.

광고 소재 등록 시 주의사항!

· 낙찰이 된 광고는 소재 등록이 가능하며, 광고를 검수받아 승인된 소재만 노출 가능합니다.
· 광고 당 최대 3개의 소재까지 제작하실 수 있고, 동시 집행 가능한 소재는 최대 2개입니다. (스티커 프로모션 광고는 1개 소재만 등록 가능합니다.)
· 광고 등록 및 검수에 대해 자세한 사항은 상품 소개서와 검수 가이드를 반드시 참고해 주시기 바랍니다.
· 사용자 디바이스 환경에 따라 노출되는 텍스트 길이와 줄내림 위치가 다를 수 있습니다.
· 일부 특수문자는 제한될 수 있으며, 검수시 반려될 수 있습니다.

05
스티커 광고를 통한
2주 안에 수만 명 모으기

스티커 광고 노출 위치

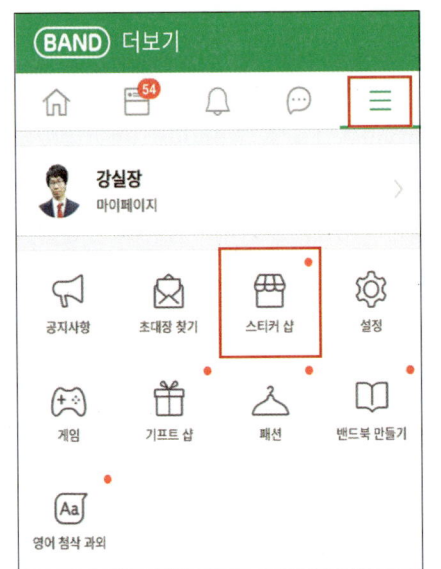 

● 그림1~2. 스티커 광고 노출 위치

스티커 광고는 밴드 회원 모집 광고 상품 중 가장 강력한 광고입니다. 단기간에 수만 명의 회원을 모을 수 있는 광고인데요. 노출 위치는 우측 상단의 메뉴 버튼 "≡"을 누른 후 스티커샵을 선택해서 들어갑니다.

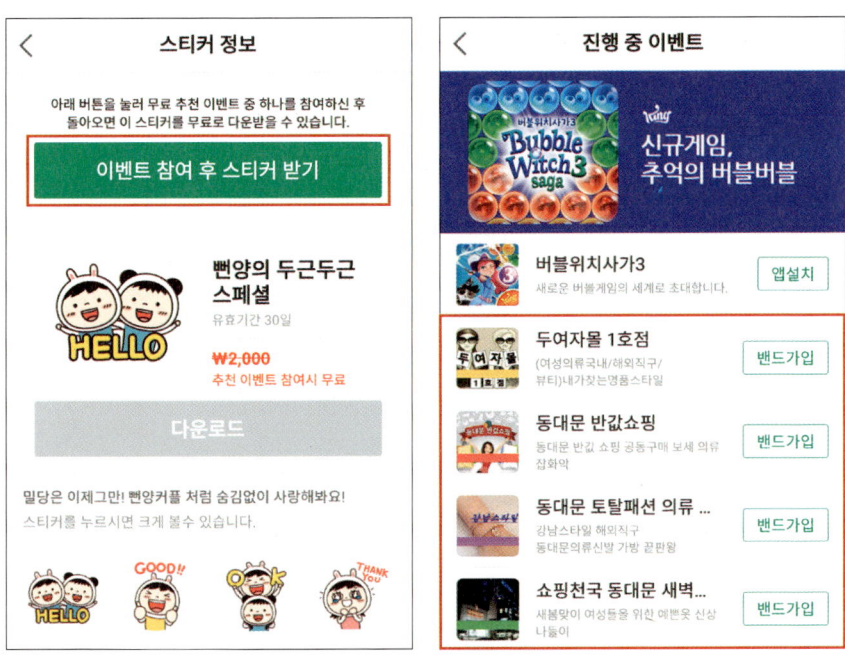

● 그림3~4. 스티커 광고 노출 위치

    스티커샵에 들어가면 상단에 무료 스티커 제공이 나옵니다. 무료 버튼을 누르게 되면 밴드 가입 버튼이 나오는데요. 무료 스티커를 주는 대신 밴드에 가입을 유도하는 광고 상품입니다. 밴드에서는 스티커가 제법 인기가 많기 때문에 무료 스티커를 통해 대량 회원 가입을 기대할 수 있습니다.

스티커 광고의 효과

밴드 회원 모집 광고 상품 중 단기간에 가장 많은 회원을 모을 수 있는 상품이 스티커 광고인데요. 어느 정도 효과가 있을지 실제 광고 운영 데이터를 살펴보겠습니다.

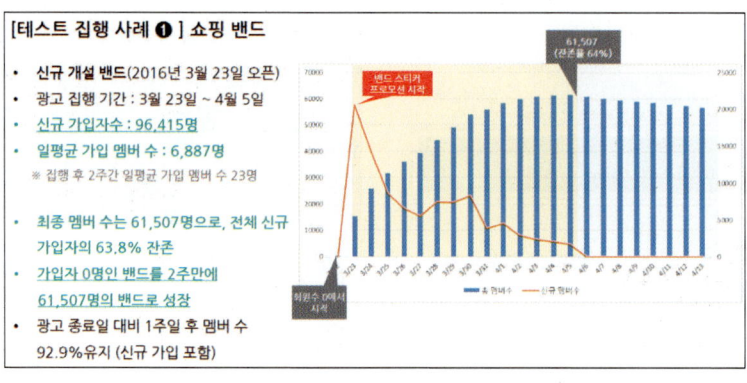

● 그림5. 스티커 광고 집행 사례 (쇼핑 밴드)
(출처 : 밴드 본사 광고주 교육)

위 자료는 순수 상업적으로 운영되는 쇼핑 밴드의 광고 운영 결과인데요. 2주간 96,415명의 신규 가입자가 생겼고 잔존한 회원은 61,507명입니다. 0명의 밴드를 2주 만에 6만명의 밴드로 점프시킨 건데요. 굉장한 가입자 수라 할 수 있습니다.

[그림6]의 컨텐츠 + 쇼핑 밴드도 신규 가입자 수 85,450명 중 잔존한 회원이 61,780명이나 됩니다. 잔존한 회원들이 꾸준히 98% 이상 계속 유지됐다고 하죠. 밴드 본사 측에선 다른 회원 모집 광고들과 비교했을 시 잔존율이 굉장히 높은 광고라고 주장하고 있습니다. 데이터를 봐도 알 수 있죠.

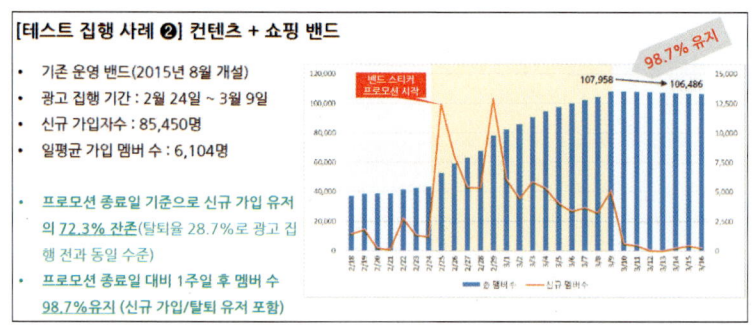

● 그림6. 스티커 광고 집행 사례 (컨텐츠 + 쇼핑 밴드)
(출처 : 밴드 본사 광고주 교육)

[그림7]의 재테크 정보 밴드가 제가 운영하고 있는 재테크 밴드의 스티커 광고 결과입니다. 신규 가입자 수는 79,624명이었습니다. 정확한 광고 데이터는 [그림8]을 통해 더 자세히 보여드리겠습니다.

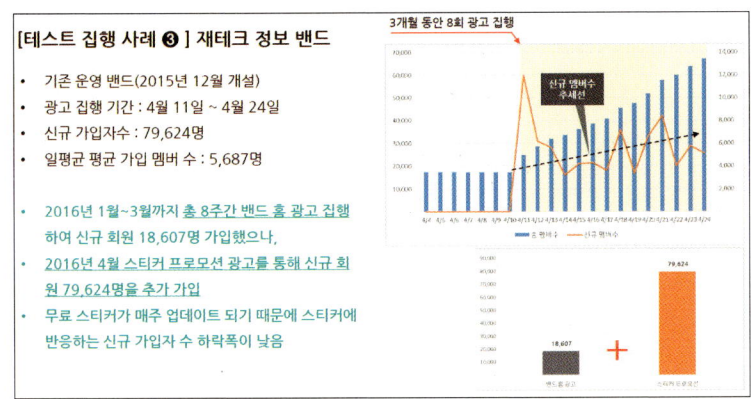

● 그림7. 스티커 광고 집행 사례 (재테크 정보 밴드)

(출처 : 밴드 본사 광고주 교육)

통계보기

밴드 통계 | 알림 내역 | 광고 성과

2016.04.11 - 2016.04.18 | 어제 | 최근7일 | 최근30일 | 지난주 | 지난달 | 조회하기

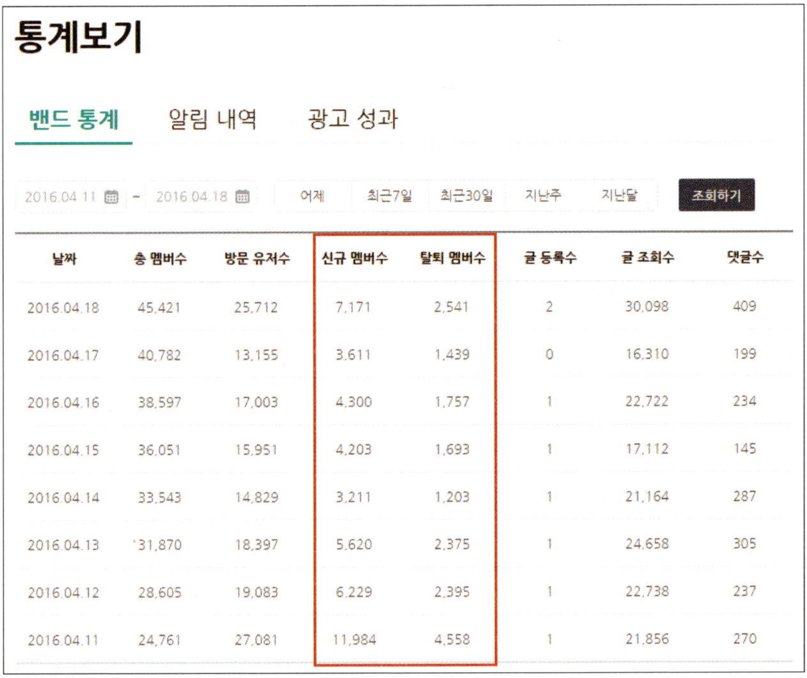

날짜	총 멤버수	방문 유저수	신규 멤버수	탈퇴 멤버수	글 등록수	글 조회수	댓글수
2016.04.18	45,421	25,712	7,171	2,541	2	30,098	409
2016.04.17	40,782	13,155	3,611	1,439	0	16,310	199
2016.04.16	38,597	17,003	4,300	1,757	1	22,722	234
2016.04.15	36,051	15,951	4,203	1,693	1	17,112	145
2016.04.14	33,543	14,829	3,211	1,203	1	21,164	287
2016.04.13	31,870	18,397	5,620	2,375	1	24,658	305
2016.04.12	28,605	19,083	6,229	2,395	1	22,738	237
2016.04.11	24,761	27,081	11,984	4,558	1	21,856	270

● 그림8. 부동산재테크 밴드 스티커 광고 집행 결과

위 통계가 실제 가입자 수와 탈퇴 멤버 수입니다. 스티커 광고를 집행하기 전 회원 수가 18,000명이었고 2주간 스티커 광고를 집행하면서 신규 가입자수는 79,000명이 생겼고 잔존한 회원은 67,000명이었습니다. 신규 가입자 수 대비 잔존율은 약 62% 정도였고 79,000명이 회원이 들어오고 남은 회원이 49,000명이었습니다. 무료 스티커 광고답게 들어오는 사람도 많지만 반대로 탈퇴하는 사람도 많았습니다.

 스티커 광고는 2주 안에 몇만 명의 회원을 모을 수 있는 강력한 이점이 있지만 단점이라면 충성도가 떨어지고 타겟팅이 잘 안된다는 점입니다. 2주가 지난 후에도 꾸준히 탈퇴는 계속 이어졌고 현재까지도 어느 정도 회원이 정리가 되고 있는 상황입니다. 스티커 광고를 집행하기에 올바른 업종은 누구나 좋아할만한 콘텐츠를 운영하는 대중적인 주제가 좋고 판매하는 아이템도 대체적으로 누구나 사야 할만한 아이템이면 좋습니다. 저처럼 특정 재테크 정보나 비즈니스 정보 같은 밴드를 스티커 광고를 통해 집행하면 가입자 수가 많이 생기고 나서 탈퇴하는 회원이 많아지기 때문에 차라리 특정 업종은 스티커 광고보다는 밴드 홈 광고나 새소식 광고를 통해 회원 가입을 만드는 편이 더 좋습니다.

스티커 광고 운영 방법

광고를 등록하기 전까지는 밴드 홈 광고와 새소식 광고의 동일한 절차를 가지게 됩니다. 광고 타입 설정은 스티커 프로모션으로 설정해 주시고 다음을 눌러주세요.

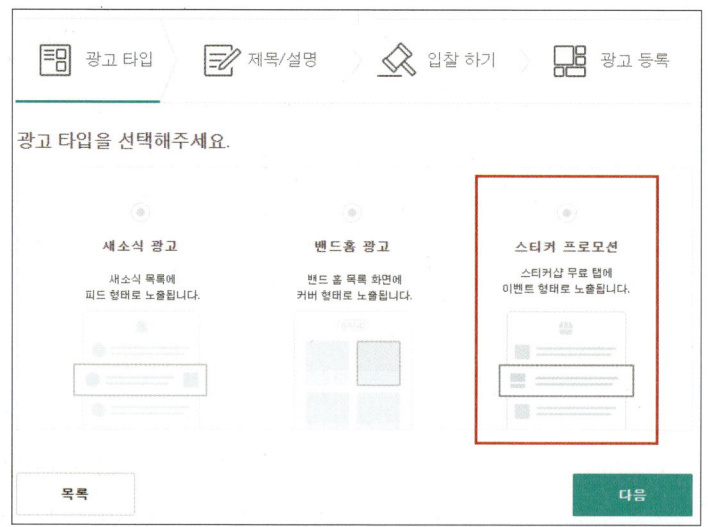

● 그림9. 광고 타입 설정

광고 제목/설명도 밴드 홈 광고와 새소식 광고와 동일합니다. 본인이 구분하기 쉬운 제목과 설명을 넣어주시고 광고 검수 담당자에게 특별히 할 말이 있다면 설명에 입력하면 됩니다.

● 그림10. 광고 제목/설명 설정

스티커 광고 입찰 시 주의사항!

집행 단가는 10원 단위로만 입찰 가능합니다.
집행 단가는 최소 400원 ~ 최대 3,000원까지 입력할 수 있습니다.

약정금액은 스티커 프로모션을 집행하기 위한 최소 비용이며, 실제 내 밴드 가입자수에 따라 정산되므로 4천만원(VAT별도) 미만으로 청구될 수 있습니다.

입찰 마감은 월요일 낮 12시이며, 입찰 결과는 이 페이지를 통해 입찰일 17시까지 안내됩니다.

스티커 프로모션 광고는 입찰 밴드가 하기 조건에 해당하는 경우, 낙찰 대상에서 제외됩니다.
[글쓰기 권한이 모든 멤버인 경우, 밴드 가입 조건이 설정된 경우, 밴드 운영 기간이 90일 미만인 경우]

광고 타입 설정과 제목/설명까지는 밴드 홈 광고, 새소식 광고와 동일하지만 입찰 금액을 설정하는 부분부터 달라집니다.

● 그림11. 스티커 광고 입찰하기

입찰 금액은 최저 400원부터 ~ 최대 3000원까지 가능합니다. 스티커 광고를 통해 최대 신규 가입자 수는 10만 명까지 가능한데요. 입찰 금액에 따라 가입 가능 멤버 수가 조정됩니다.

입찰 금액별 가입 가능 멤버 수

- 입찰가 400원 = 가입 가능 멤버 수 10만 명

- 입찰가 1000원 = 가입 가능 멤버 수 4만 명

- 입찰가 3000원 = 가입 가능 멤버 수 13,334명

입찰 금액은 밴드 홈 광고와 새소식 광고처럼 경쟁 입찰 방식이기 때문에 시기별로 변동할 수 있습니다. 현재 시기의 입찰가를 대략 추정하기 위해선 이미 집행 중인 스티커 광고 업체들의 신규 가입자 수를 2주간 추적해보는 방법이 가장 정확합니다. 스티커 광고는 최소 부가세를 포함하여 4,400만원의 비용이 입금되어 있어야 광고가 집행됩니다. 몇천만 원의 광고 비용이 들어가기 때문에 준비를 더 철저히 해야 합니다.

● 그림12. 스티커 광고 소재 등록

입찰이 낙찰된다면 스티커 광고도 소재 등록이 필요한데요. 광고 소재 노출 위치는 [그림4]의 위치를 참고하시면 됩니다.

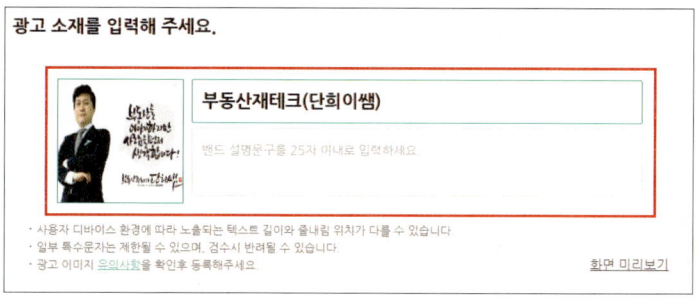

● 그림13. 스티커 광고 소재 등록 화면

광고 소재는 홈 광고와 새소식 광고처럼 이미 집행 중인 스티커 광고 밴드 업체를 미리 추적해서 사례 조사를 한 후에 광고 소재를 등록하는 것이 안정적입니다. 검수 가이드와 상단의 스티커 광고 유의 사항을 참고하셔서 광고 집행 시 문제가 없도록 철저히 준비하도록 합니다.

● 그림4. 스티커 광고 소재 노출 화면

　밴드 홈 광고와 새소식 광고는 스티커 광고보다는 기간 대비 적은 회원의 가입자 수가 생기지만 타겟팅된 회원이 적절하게 들어오기 때문에 안정적입니다. 스티커 광고는 단기간 많은 회원이 들어오는 대신 탈퇴율이 높고 충성도가 대체적으로 낮은 편이니 각 광고의 장점을 신중히 생각하여 광고 운영을 하시기 바랍니다. 다시 한 번 강조드리지만 밴드 광고는 대체적으로 광고비가 높기 때문에 수익 모델이 명확하지 않은 분은 추천하고 싶지 않습니다.

제 7장

"충성 회원을 만드는 밴드 운영 방법"

01
밴드 커버와 공지글을 활용해 충성 팬 만들기

디지털이 발달되며 사라지는 사람 감성

스마트폰이 누구나 사용한 기기가 되면서 생활이 굉장히 편리해진 점도 있지만 반대로 오프라인에서 사람들 간의 대화가 점점 없어지고 있는게 현실입니다. 예전엔 이웃 간에 인사도 잘하고 누가 사는지도 다 알았는데 요즘은 옆집에 사는 이웃도 누군지 잘 모를 때가 많죠.

● 그림1. 데이트 중에도 스마트폰 사용

SNS와 메신저가 발달함에 따라 오프라인에서 대화하는 시간이 줄어들어서 이런 현상이 일어나게 되는건데요. 대부분의 미래 학자는 이러한 현상이 더욱 심해질 것이라 예측하고 있습니다. 이렇게 디지털 세상이 발달하다 보니 기계적인 느낌이 많아 옛 편지를 그리워하는 분들도 많습니다. 명절 때도 카카오톡 메시지보다 짧은 편지 한 장이 더욱 가슴을 울리게 만들죠.

● 그림2. 손편지

　이처럼 기계가 발달되며 사람의 감성을 그리워하는 분들이 많아지고 있습니다. 이렇다 보니 SNS에서도 사람 향기를 찾아다니는 분들이 꽤 있습니다. 기업들과 마케터들이 쏟아 붓는 콘텐츠들이 유용하긴 하지만 너무 딱딱한 기계같기 때문이죠.
　연예인 배우 중에서도 '저 배우는 참 사람 냄새 난다.' 라고 대중들이 인식하는 배우들이 있습니다. 최근에는 배우 조진웅씨가 드라마 시그널을 통해서 많은 주목을 받았는데요. 드라마의 "이재한 형사"라는 사람이 바로 사람 향기가 물씬 풍기는 캐릭터가 아닐까요? 저도 시그널 드라마를 즐겨 보던 광팬이었는데요.

● 그림3. 배우 조진웅

이처럼 요즘 사람들은 연예인 뿐만 아니라 SNS를 통해 소통하는 사람들한테도 사람의 향기를 그리워하고 있습니다.

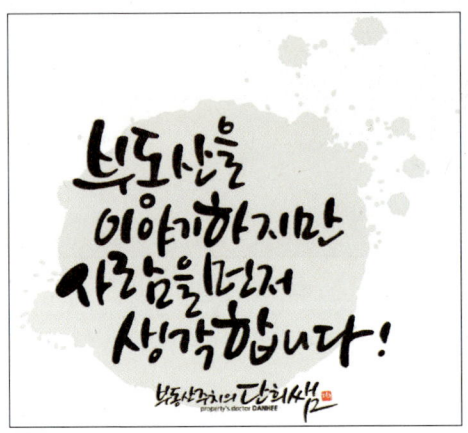

● 그림4. 사람을 먼저 생각하는 부동산재테크 밴드

밴드 커버 설정

"부동산을 이야기하지만 사람을 먼저 생각합니다."

운영 중인 재테크 밴드에서 자주 사용하는 문구입니다. 제 밴드에서 활동하는 회원들은 저 문구를 굉장히 좋아하시는데요. 바로 사람 감성이 들어가기 때문인 것 같습니다. 저 말을 실천하려고 부단히 애를 쓰고 있기에 회원 분들도 좋아하고 반응이 항상 높은 것 같습니다. 몇 개 내용을 보셨지만 요즘은 기업들이 SNS를 활용할 때 대표님이나 기업 담당자가 얼굴을 직접 드러내어 고객들과 소통하는 것이 이러한 이유 때문에 더욱 좋습니다. SNS도 결국은 사람이 이용하는 것이기 때문에 소통하기에 적합한 사람 컨셉으로 운영 하는 것이죠. 이것을 참고 삼아 밴드 커버와 공지글을 꾸미는 법을 살펴보겠습니다.

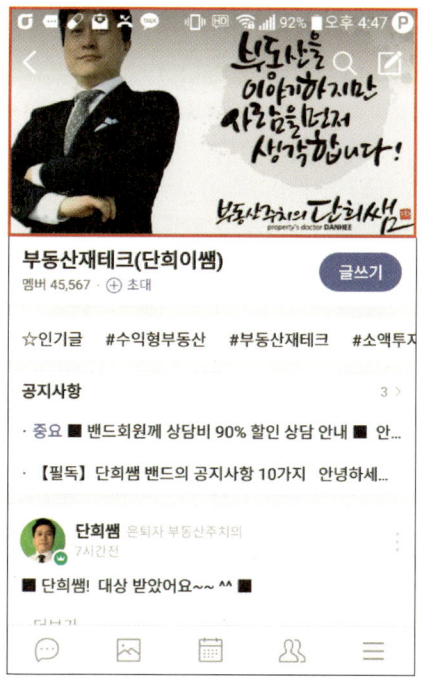

● 그림5. 밴드 커버 설정

　밴드 커버에 운영진 사진을 일부러 넣어 두었고 사람 감성을 물씬 풍길 수 있는 문구로 작성해 보았습니다. 사소한 부분이지만 이런 것들이 쌓여 기업의 브랜드 이미지를 만들게 됩니다.

　얼굴을 공개 하는 것이 정 부담된다면 캐리커쳐 같은 캐릭터라도 삽입을 하시면 좋습니다. 김총각네 밴드의 커버도 비슷한 모습으로 구성되어 있습니다. 사람 사진이 들어가면 더욱 신뢰도가 올라가는 효과도 있으니 활용하시면 좋습니다.

● 그림6. 김총각네 밴드 커버

　그리고 밴드 커버를 구성할 때 또 하나 중요한 것이 운영하는 목적에 맞게 설정하는 것입니다. 100% 상업화되어 있는 판매성 밴드라면 어떤 상품을 판매하는지 한눈에 알아볼 수 있도록 밴드 커버를 설정해주고, 순수 정보성 제공 밴드라면 어떤 정보를 제공하는지 커버에 명확히 설정해야 합니다. 그렇지 않고 두루뭉술하게 커버를 설정하면 회원 가입률도 저하되고 회원들도 제대로 활동을 못하고 방황하게 됩니다.

공지글 설정

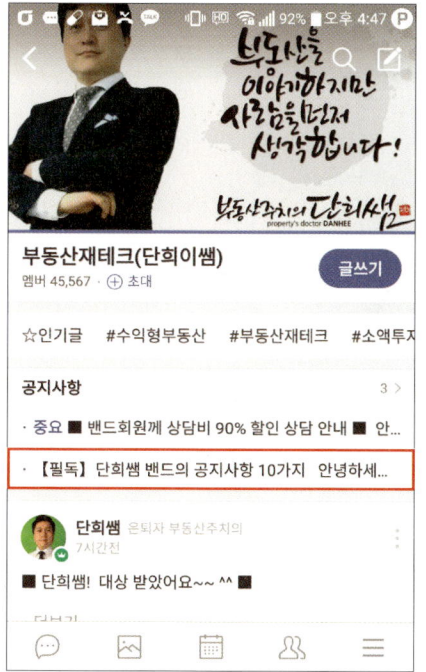

● 그림5. 밴드 공지글 설정

공지글을 등록할 때 해당 밴드를 소개하는 총정리의 글을 적어주면 좋습니다. [그림5]를 보시면 [필독] 단희쌤 밴드의 공지사항 10가지라고 나와 있는데요. 밴드에 게시판이 따로 없기 때문에 신규 회원들에게 우리 밴드를 일목요연하게 소개하는 효과를 줄 수 있습니다.

우리 밴드의 회원이라면 누구나 필히 읽을 수 있게 필독이라 말머리를 붙였고, 공지사항 10가지를 정리했습니다. 그 중에서 밴드 운영자를 소개하는 글을 초반에 올렸었는데요.

● 그림7. 단희쌤 밴드 공지사항 10가지

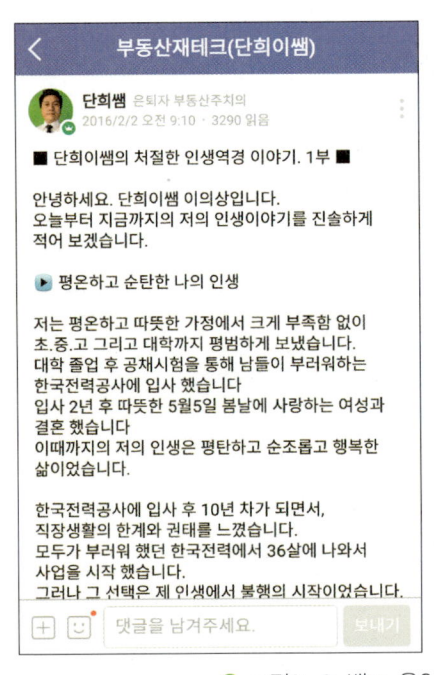 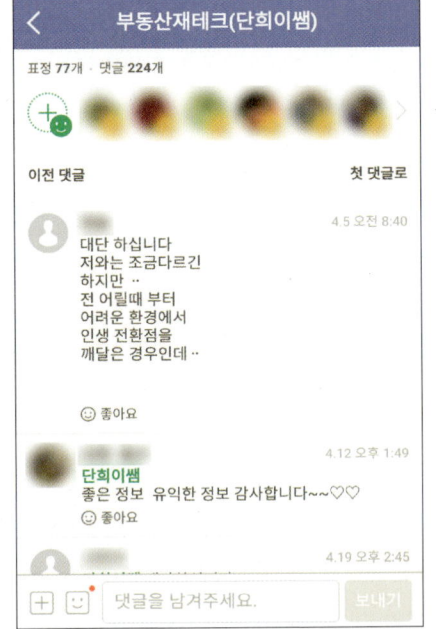

● 그림8~9. 밴드 운영자 인생 스토리 글 공지

보통은 내 인생 스토리에 대해서 회원들이 과연 궁금해나 할까 생각하지만 위 [그림8, 9]처럼 운영자의 인생 스토리를 회원들에게 올려주면 긍정적인 반응이 나옵니다. 필자는 이 방식을 부동산 업종 뿐만 아니라 다양한 업종에 테스트했었는데 언제나 회원들이 적극적으로 반응해주고 좋아했습니다. 이러한 반응이 구매에도 긍정적으로 미치기 때문에 자주 사용하는 방법인데요. 이처럼 딱딱한 디지털 정보만 주는 것이 아니라 운영진의 솔직 담백한 글을 소개하며 인간미를 보여주면 회원들은 운영자들을 더욱 신뢰하게 됩니다. 그럼 회원들과 더욱 더 끈끈한 소통을 할 수 있게 되죠.

공지글에 올리면 좋은 글
- 운영 리더 및 공동 리더를 소개하는 스토리
- 밴드 운영 목적 및 방향/비전
- 밴드에서 제공하는 정보 및 혜택 소개
- 밴드에서 판매하는 상품/이벤트 정보
- 일하는 현장 사진/영상
- 밴드 소개 공유하는 방법
- 운영진에게 연락하는 방법(고객센터)
- 밴드 관리 규칙
- 개인정보 안내
- 밴드(캠프 모바일)는 밴드 내에서 발생하는 상업 활동에 관련이 없습니다. (해당 문구는 공지사항에 반드시 있어야 합니다.)
- 사업자 정보

글이 너무 많은 것 같으면 각 글을 작성하고 공지글에서 각 글의 링크 주소를 연결시켜주면 됩니다. 사소하지만 회원들에게 좀 더 공감하고 다가갈 수 있는 소통의 마음으로 다가가면 회원들도 마음을 열고 다가와 줄 겁니다. 회원을 단순히 판매의 대상으로만 보지 않고 사람으로 대해준다면 충성 회원이 될 것입니다.

02
운영 리더와 공동 리더 분리 효과

밴드 운영의 시스템화

밴드가 점차 활성화되며 생각보다 많은 잡무들이 생겨나는데요. 스팸 관리, 댓글 관리, 이벤트 관리, 가입 관리, 제휴 관리 등 운영자 혼자서 감당하기 힘들 수도 있습니다. 그럴 때를 대비해 회원 중에서 활동이 많은 회원을 눈여겨 본 후 공동 리더로 제안을 하면 좋은데요. 업무별 공동 리더가 생김으로서 운영 리더의 일이 줄어들고 밴드 운영이 자동화되는 시스템이 생깁니다. 회사 조직을 만들듯이 밴드 안에서도 조직을 만드는 것이죠. 공동 리더는 많을수록 좋지만 잘못 뽑으면 밴드 운영 자체가 망가지기 때문에 사람을 잘 보고 선택해야 합니다.

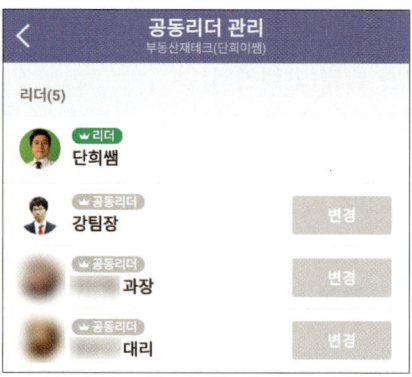

● 그림1. 공동 리더 관리 설정 화면

공동 리더 선정시 주의사항

- 우리 밴드의 성격에 맞는 사람인지 잘 구분해야함

- 너무 상업적인 성향이 강한 사람은 사전에 계약을 하거나 왠만하면 공동 리더로 선정하지 않는 것이 좋음. (공동리더 규약서를 따로 만듬)

- 금전에 대한 대가를 먼저 제안하지 않음 (순수하게 활동하는 회원인데 금전을 제공한다면 오히려 기분 나빠하거나 돈을 준 만큼만 일하는 불상사가 생길 수 있음)

- 몇 주, 몇 개월의 유예 기간을 두고 공동 리더를 재선출함

사실 사람 관리만큼 어려운게 없는데요. 사업을 해보신 분이라면 모두 공감할만한 이야기일겁니다. 좋은 사람 한 명이 제대로 들어와 업무를 추진한다면 엄청난 효과가 나온다는 것을 아실겁니다. 밴드도 마찬가지인데요. 초반에는 혼자 운영하지만 점점 발전하면서는 업무를 분배해 공동 리더들이 나의 역할을 대신하는 방향으로 가야 밴드 자체의 콘텐츠도 풍부해지고 활발하게 돌아가는 것처럼 보여 운영에 도움이 됩니다.

03
수천 조회 수를 만드는 글 작성 패턴

1일 2 ~ 3개의 글 업로드

누구나 글 작성이 가능하게 오픈되어 있는 밴드는 커뮤니티가 활발히 돌아가지만 밴드는 모바일 기반이기 때문에 카페처럼 글의 분류가 쉽지 않습니다. 글 작성 권한이 모든 회원에게 오픈되어 있다면 하루에 10명의 회원만 글을 올려도 일반 회원들은 굉장히 피곤해할 수 밖에 없습니다. 더군다나 운영진이 공지하려는 글의 주목도가 낮아지게 되죠. 결과적으로 전체적으로 글의 조회 수가 낮아지게 됩니다.

여러 SNS를 통해 테스트를 해본 결과 보통은 오전 1개, 오후 1~2개, 저녁 1~2개가 정도가 적당합니다. 몇 시간에 한번씩 콘텐츠가 올라오면 회원들이 딱히 피로도를 느끼진 않지만 운영진 입장에서 하루에 콘텐츠를 여러 개 만드는게 여간 쉽지 않습니다. 그래서 최소 1일 1개 콘텐츠를 업로드하는 것을 목표로 하고 여유가 있을 때는 1일 2~3개까지 올리는 것이 좋습니다.

콘텐츠 운영 비율 4:4:2

- 자연스러운 일상 4
- 사업 관련 정보성 콘텐츠 4
- 사업 홍보/이벤트 2

※ 너무 상업적이거나 혹은 너무 친목으로 치우치게 되면 추후 사업적인 액션을 취하는데 거부 반응이 나오거나 부담이 됨. 적절한 콘텐츠 운영 비율이 필요함.

10개의 글을 작성한다고 가정했을 때 너무 한 가지 종류의 콘텐츠만 올리게 되면 회원들이 지루하게 됩니다. 그래서 유동성을 주는 것이 좋은데요.

● 그림1~2. 정보성 콘텐츠 & 좋은 글, 명언

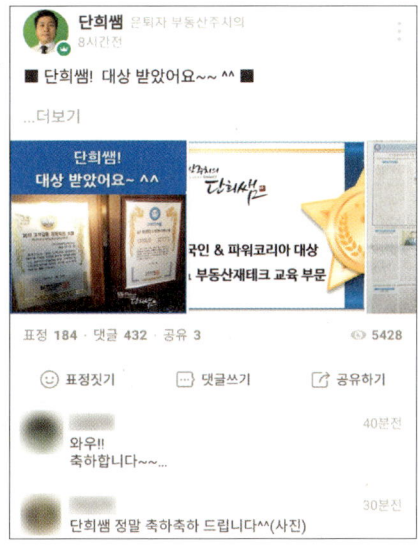

● 그림3. 자연스러운 일상

[그림1, 2, 3]의 콘텐츠를 보듯이 정보성 관련 콘텐츠만 올리는 것이 아니라 어떤 타겟이든 반응이 대체로 좋은 좋은글, 명언도 올려주고 일하는 소개 일상의 글도 올려주면 회원들의 반응이 좋습니다. 회원들을 친구 대하듯이 오픈 마인드로 다가가는 것인데요. 이렇게 콘텐츠를 지속적으로 올리게 되면 처음엔 정보를 보러 들어왔다가 점점 사람을 좋아하는 충성 팬으로 변하게 됩니다. 충성 회원들이 점차 늘어나게 되면 밴드를 운영하는 운영진들도 신이 나고 힘이 나게 됩니다. 탄력을 받게 되는거죠. 4:4:2의 콘텐츠 운영 비율은 실제로 밴드를 운영하면서 조금씩 유동을 주면 됩니다. 그리고 뒷부분에서 설명드릴 밴드 회원 활동 통계를 보면서 수정을 줘도 되니 참고해 주세요.

04
수많은 시행착오 끝에 얻어낸 회원들이 좋아하는 글

핵심은 큐레이션!

모바일 서비스를 이용하는 회원들은 많은 정보를 원하지 않습니다. 현재 나에게 필요한 정리정돈된 핵심 정보들을 보기 원하죠. 깊은 콘텐츠 보다는 쉽고 명확하게 정리된 정보들을 선호합니다. 바로 큐레이션 기법이 필요한데요. 간단한 내용 같지만 타겟에 따라 선호하는 콘텐츠의 종류가 다르기 때문에 상세한 시장 조사가 동반되야 합니다.

큐레이션 이전에 회원들이 좋아하는 콘텐츠를 알아내려면 가장 쉬운 방법이 네이버 카페와 같은 타겟 대상이 활동하는 커뮤니티에 들어가서 지속적으로 글을 읽어 내려 가는 겁니다. 수십, 수백 개씩 올라오는 글 중에서 가장 조회 수가 높은 글은 제목 카피를 잘 작성한 것이고 댓글이 많은 글은 내용이 좋거나 나쁘다는 이야기입니다. 상세한 것은 댓글의 내용을 봐야겠죠.

> **큐레이션이란?**
>
> 다른 사람이 만들어놓은 콘텐츠를 목적에 따라 분류하고 배포하는 일을 뜻하는 말이다. 콘텐츠가 많아 질수록 선별된 양질의 정보에 대한 수요가 커지며 큐레이션은 이런 수요를 충족시키기 위한 것으로 신규 비즈니스의 기회가 창조적 작업(콘텐츠 제작)에서 콘텐츠의 분류 편집 및 유통으로 확대되는 것을 의미한다. 다양한 자료를 자기만의 스타일로 조합해내는 파워 블로거, 각계각층의 사람들이 거대한 집단 지성을 형성한 위키피디아, 스마트폰을 통해 주제에 따라 유용한 정보를 모아 제공하는 어플리케이션 등이 큐레이션의 한 형태라고 볼 수 있다.
>
> 출처 : [네이버 지식백과] 큐레이션 [curation] (한경 경제용어사전, 한국경제신문/한경닷컴)

이처럼 지금은 큐레이션 제품, 큐레이션 서비스, 큐레이션 콘텐츠가 점점 더 많이 필요해지는 세상입니다. 특정 대상만을 위한 큐레이션 서비스가 필요한 것이죠. 바로 이 책을 읽고 계신 독자 여러분의 타겟만을 위한 콘텐츠입니다. 이런 트렌드 덕분에 최근에 생겨난 대표적인 큐레이션 콘텐츠 형태가 무엇이 있는지 예를 들어 설명해 보겠습니다.

카드 뉴스형 콘텐츠

모바일 SNS가 발달이 되다보니 핸드폰 세로 화면에서 보기 편한 카드 뉴스형 콘텐츠가 많이 발달되고 있습니다. 유명 언론사부터 개인 크리에이터까지 이제 국내의 온라인 마케터라면 카드 뉴스형 콘텐츠는 필수입니다.

● 그림1. 카드 뉴스형 콘텐츠

카드 뉴스형 콘텐츠가 좋다는 것은 대부분 알지만 디자인 편집이 익숙하지 않은 분은 만들기가 쉽지 않습니다. 최근에는 이러한 니즈를 활용해 tyle이라는 카드 뉴스 전문 제작업체가 생겨났습니다. http://tyle.io 주소로 접속하게 되면 [그림2]처럼 포토샵같은 디자인 툴을 쓰지 않고 누구나 쉽게 SNS에서 최적화되어 있는 카드 뉴스를 제작할 수 있습니다.

얼마 전까지는 무료 서비스를 진행했지만 현재는 유료이니 결제를 하시고 사용해야 합니다. 현재 저는 결제를 해서 사용하고 있는데 매우 만족스러워서 지속적으로 사용할 계획입니다. 디자인 툴을 다룰 줄 아는데도 타일을 사용하는게 시간을 단축시켜서 굉장히 좋은 툴이라 생각합니다. 적극 활용해 보세요.

● 그림2. tyle 카드 뉴스 편집 화면

이미지 제작법

[그림3]과 [그림4]의 이미지를 비교해보면 어떤가요? 똑같은 카드 뉴스형 콘텐츠이지만 주목도가 다르게 느껴집니다. 이미지를 제작할 때는 글자를 많이 넣기보다는 시각적인 비주얼 배경 이미지로 주목도를 높이고 글은 그 다음 보조 역할을 하게 됩니다. 모바일에서는 글보다는 주목도가 높은 이미지가 우선시 되는 게 좋습니다. 이러한 형태는 블로그처럼 긴 글을 작성할 때도 나타납니다.

● 그림3~4. 카드 뉴스형 콘텐츠 비교

　글보다는 사진을 많이 사용하며 사진을 설명하는 짧은 문단 문단의 글귀로 모바일에서 회원들이 글을 쉽게 읽어 나갈 수 있게 정렬을 잘 해줍니다. 모바일 마케팅의 쟁점은 최소한의 클릭과 최소한의 스크롤을 만드는 것입니다. 그래야 구매 전환율과 반응이 높아지기 때문이죠.

거대한 트렌드 "영상" 콘텐츠

● 그림5. 국내 스마트폰 데이터 사용량
(출처 : KB뉴스)

국내 스마트폰 평균 데이터 사용량이 5GB가 넘는다고 합니다. 엄청난 데이터 사용량인데요. 국내 스마트폰 사용자 대부분은 데이터 사용 출처가 동영상을 시청하는데 들어갑니다. 그만큼 영상 콘텐츠의 소비가 모바일에서 급격히 늘어나고 있는데요. 밴드에서뿐만 아니라 국내외 전세계적으로 동영상 콘텐츠는 선택이 아닌 필수의 시대로 다가오고 있습니다. 다행인 것은 1인 개인들도 동영상 콘텐츠를 쉽게 제작할 수 있는 여러 가지 시스템과 툴들이 나오고 있어 큰 비용을 들이지 않고 만들 수 있습니다. 하지만 영상 콘텐츠 제작이 익숙하지 않은 분은 생각보다 어려움이 있지만 앞으로 다가올 시대를 대비하려면 영상 콘텐츠 제작을 반드시 준비해야 합니다.

많은 업체들이 미래에 다가올 동영상 서비스를 준비하면서 비디오 커머스 시장도 준비를 하고 있습니다. [그림6]을 보시면 페이스북 라이브를 통해 4시간만에 매출 6천만원을 돌파했다는 기사가 나와 있습니다. 이런 사례들은 주위에서 계속 생겨나고 있으며 카카오, 네이버, 구글, 페이스북 등 세계적인 IT 기업은 모두 동영상 서비스에 사활을 걸고 있습니다. 이러한 거대한 흐름에 개인도 올라탄다면 좋은 기회를 얻을 수 있습니다.

● 그림6. 페이스북 라이브 방송 매출 6천만원
(출처 : 서울경제)

콘텐츠와 관련된 여러 가지 내용을 설명해 드렸지만 내가 상대로 하는 타겟들이 좋아하는 콘텐츠의 종류는 직접 운영을 하며 부딪히며 배우는 것이 확실합니다. 어떠한 콘텐츠를 올릴까 책상 앞에서 고민하기 보다는 온라인에 무수히 올라오고 있는 콘텐츠들의 사례를 수집하고 정리하여 큐레이션 한 후 다시 재창조하는 것이 빠릅니다. 그렇게 콘텐츠를 매일 매일 올리다보면 내 회원들이 좋아하는 콘텐츠의 형태가 몸으로 체득이 될 것입니다.

● 그림7. 가장 많았던 조회 수의 글

    필자도 수개월 이상 운영을 하다 보니 회원들이 좋아하는 글을 몸으로 직접 체감하여 어떤 글이 조회수, 표정, 댓글, 공유가 많이 나오는지 알 수 있었습니다. 위 [그림7]을 보시듯이 조회 수가 많이 나올 때는 20,000이 넘었던 적도 있습니다. 꾸준히 콘텐츠를 회원들에게 공급하다 보면 독자분들도 이런 결과를 만들 수 있을거라 생각합니다.

05
진정성 있는 소통이야 말로 최고의 무기

때로는 정석이 통하는 세상

[그림1]을 보시면 밴드 운영진이 회원들의 댓글 지문에 친절히 답해주고 있는 모습을 볼 수 있습니다. 업무 시간 외에도 항시 핸드폰을 들고 다니며 회원들의 사소한 댓글에도 일일이 정성스럽게 댓글을 수개월 이상 달아주었습니다. 이렇게 노력을 했더니 충성 회원분들이 생겨나게 났고 구매로도 자연스럽게 이어지는 회원이 많아졌습니다.

● 그림1. 꾸준히 댓글에 응대하는 모습

좀 더 빨리 가는 방법이나 꼼수들이 있을 수도 있지만 SNS는 사람이 활동하는 곳이기 때문에 진정성 있는 댓글을 꾸준히 달아주다 보면 회원들은 자동으로 반응할 수 밖에 없습니다. 밴드에서 댓글 응대는 기업의 고객센터 CS 응대와 동일하기 때문에 아예 댓글은 안다는 밴드와 댓글에 반응하는 밴드는 회원의 반응이 차원이 다릅니다. 힘들겠지만 특히 밴드 운영 초반에는 회원들의 사소한 댓글에도 친절히 대댓글을 달아주기 바라며 혼자하기 힘들다면 공동 리더와 함께 분담하여 댓글을 달아주면 부담이 덜 할겁니다.

공동 리더를 선정할 사람이 없다면 아르바이트생을 간단히 교육시켜 빠르게 댓글에 응대하는 방법도 있습니다. 직원과 다르게 고비용이 들어가진 않으니 급할 때 이용하시고 왠만하면 직원들이나 회원들 중에 활동성이 높은 분을 공동 리더로 선정해서 댓글에 응대하는 것이 가장 좋습니다.

06

남들과 똑같은 이벤트는 그만!
나만의 이벤트 만들기

예상과 다른 이벤트 결과

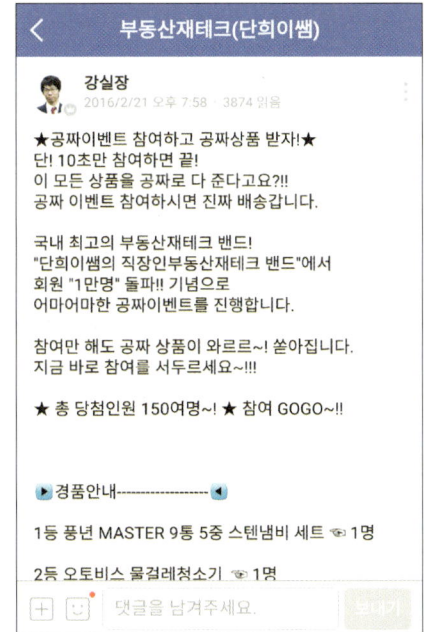

● 그림1~2. 상품 이벤트 진행

운영 중인 재테크밴드는 40대 이상의 회원이 대부분입니다. 이분들을 대상으로 상품 이벤트를 기획해서 첫 이벤트를 진행했었는데요. 40대 이상답게 안마기부터 건강 기능 식품 등 중장년층이 좋아할 만한 제품으로 200만원 이상의 대형 이벤트를 기획했습니다. 꽤 많은 투자를 하여 진행한 이벤트라 큰 반응이 있을거라 기대했지만 예상에 미치지 못하는 이벤트 결과였습니다.

이벤트를 기획한 목적은 공유 이벤트를 유도해 밴드 가입자를 늘려보는 것이었는데 일단 밴드 시스템 자체가 공유를 통해 가입자가 많이 생기지 않는다는 것을 이 이벤트를 통해 알 수 있었습니다.

※ 공유 이벤트를 통해 회원 가입을 유도하는 분이라면 공유 이벤트보다 초대 이벤트를 하는 편이 더 좋습니다.

첫 번째 이벤트는 이렇게 아쉽게 실패하였고 몇 개월 후 다시 이벤트를 진행해 보았습니다. 두 번째 이벤트는 상품 이벤트가 아닌 부동산재테크 정보 무료 소책자 증정 이벤트였습니다. [그림3, 4]를 보면 알 수 있듯이 첫 번째 상품 이벤트와 다르게 반응은 폭발적이었습니다. 단순히 공짜 이벤트 상품이면 모든 회원이 많은 참여를 할 거라 생각 했는데 재테크밴드에 모인 분들은 어느정도 경제적인 여유가 있는 분이었고 상품보다는 재테크 관련된 지식을 원하는 분이 많았습니다. 이런 니즈를 잘못 파악하여 첫 번째 이벤트는 실패가 되었고 두 번째 이벤트부터는 지식과 관련된 이벤트를 지속 진행했습니다.

● 그림3~4. 부동산재테크 정보 소책자 증정 이벤트

회원들의 기대감을 증폭시키기 위해 이벤트 사전 공지를 통해 예약자도 미리 모아두어서 크게 성공한 이벤트였습니다. 상업적인 이벤트의 느낌보다는 운영자가 회원분들을 위해 열심히 준비한 선물의 느낌을 주려 노력했습니다. 보통의 기업 이벤트는 이벤트 주최자인 기업의 이득을 위해 이벤트를 제공하는 형태가 많지만 제가 진행한 두 번째 이벤트에서는 오로지 회원분들을 위해 준비한 이벤트라는 점을 여러 번 강조했습니다. 이런 이유 덕분에 참여자가 더 많았던 것이 아닌가 하는 생각도 듭니다.

● 그림5~6. 정식 이벤트 공지

이벤트 사전 예약자와 이벤트 공식 공지 일자에 모집된 이벤트 참여자만 1000여명이 넘었습니다. 첫 번째 이벤트 실패 후 굉장히 빠른 시간 안에 두 번째 이벤트가 성공이 됐는데요. 얻을 수 있는 교훈은 무조건 공짜 상품이라고 해서 회원들이 좋아하는 것이 아니라는 것이죠. 해당 밴드에 가입한 회원들이 평소에 원하는 것이 무엇인지 설문 조사를 통해 미리 파악을 해도 좋고 평소 회원들의 댓글을 살피는 것도 좋은 방법입니다.

꼭 공짜 상품이 아닌 지식을 원하는 분이라면 오프라인 특강, 세미나, 컨퍼런스 행사 초대권을 줘도 되고 상품을 원하는 분이라면 고가의 상품 하나를 랜덤으로 주는 것 보다는 그 대상이 필요로 하는 실질적인 상품을 여러 개 제공하는 것이 좋습니다.

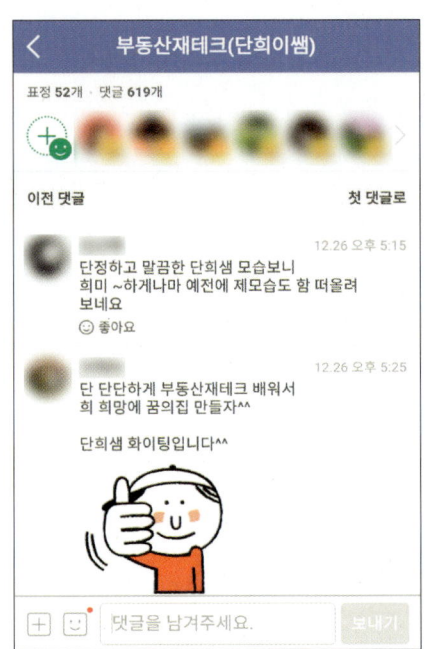

● 그림7~8. 단희 2행시 도서 증정 이벤트

크리스마스 때 운영자 닉네임인 단희로 2행시 이벤트를 진행해 보았는데요. 이벤트 상품은 도서였습니다. 재테크 밴드에 모이신 분들 답게 도서 증정 이벤트에도 폭발적인 반응을 보이셨습니다. 일반 다른 밴드였다면 이 정도 반응은 나오지 않았을 것 같군요.

이처럼 이벤트는 보통의 마케터들이 많이 사용하는 공짜 상품 이벤트보다 좀 더 회원들에게 가치있는 이벤트를 스스로 기획해 보는 것이 좋은 방향입니다.

07
밴드 통계 활용
(회원 활동 기록)

밴드 회원 활동 기록 데이터 보기

● 그림1~2. 밴드 통계 보기

밴드는 회원들의 활동 데이터 통계를 무료로 제공하고 있는데요. 밴드 첫 화면의 우측 하단 메뉴 버튼을 누르고 밴드 통계 버튼을 누르면 볼 수 있습니다.

● 그림3~4. 밴드 멤버 활동 통계 & 콘텐츠 통계

　　조회하고 싶은 기간을 설정하고 멤버 활동 기록과 콘텐츠 데이터를 한눈에 볼 수 있습니다. 단순히 통계를 보는 것으로 끝나면 안 되고 내가 밴드를 잘 운영하고 있는지 데이터를 세밀하게 살펴보고 밴드 운영 방침을 지속적으로 수정하고 보완해 나가야 합니다.

● 그림5. 최근 7일간 활동이 가장 많은 멤버 랭킹

많은 밴드 회원들 중에서 최근 7일간 가장 활동을 많이 한 회원을 확인할 수 있습니다. 이 랭킹을 확인해서 공동 리더 스텝을 발굴할 수도 있고 이벤트로 활용해도 좋습니다.

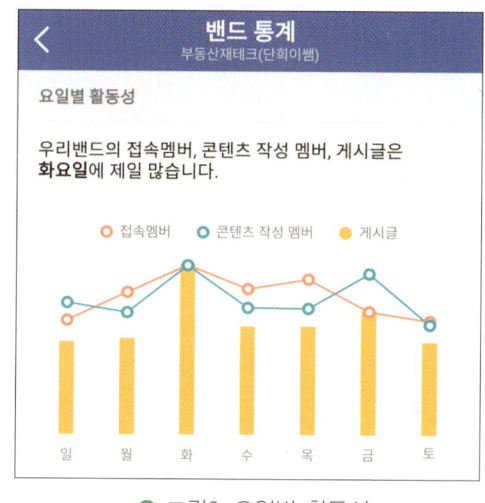

● 그림6. 요일별 활동성

주간 요일별로 어느 요일에 가장 활동성이 높은지도 확인 가능한데요. 중요 공지글을 알릴 때 무슨 요일에 알리는게 좋을지 판단할 수도 있고 회원들의 생활 패턴도 이것을 통해 유추할 수 있습니다.

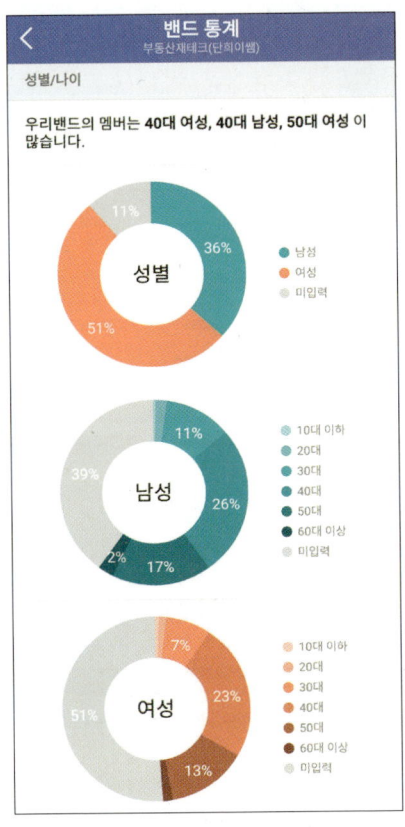

● 그림7. 성별/나이 통계

마지막 통계는 회원들의 성별/나이를 빅데이터로 보여주는 통계입니다. 저의 밴드는 40대 여성, 40대 남성, 50대 여성이 가장 많다고 나오네요. 남녀의 성비 비율과 연령별로 비율이 나오기 때문에 회원의 분포도를 파악하는 데 유용한 자료입니다.

이런 객관적인 데이터를 통해서 외부 업체의 광고 수주를 받을 수도 있고 내 밴드의 가치를 구체적인 수치로 표현할 수 있습니다. 꼭 광고를 받으려고 활용한다기보다는 내 밴드의 현재 위치를 파악하며 앞으로 나아갈 방향을 정하는데 활용하는 것이 더욱 중요한 업무라 할 수 있습니다.

온라인 마케팅에서 활동 데이터를 살펴보는 것은 필수이기 때문에 밴드 회원 통계도 매일 지속적으로 모니터링하여 밴드 운영을 보완해 나가시기 바랍니다.

08
밴드와 함께 활용하면 좋은 SNS 서비스

TIP! 밴드와 함께 활용하면 좋은 SNS 서비스

여기까지 책을 읽어 오셨다면 밴드의 장점이 많다는 것을 느낄 수 있으실 겁니다. 하지만 밴드 채널은 장점도 있는 반면 단점도 있습니다. 실시간으로 고객들과 소통하는 데는 무리가 있는데요. 물론 채팅 기능이 있지만 일반 메신저 서비스와 견주기에는 턱없이 부족하죠. 그래서 2017년 올 상반기쯤 새롭게 출시되는 ==카카오톡의 새로운 비즈니스 서비스==를 같이 활용하면 밴드 마케팅에도 큰 시너지가 있을 것입니다.

● 그림1. 카카오 대표이사 임지훈 대표의 블로그

● 그림2. 카카오 임지훈 대표이사

(사진 출처 : 이투데이)

㈜카카오를 이끌고 있는 임지훈 대표이사의 개인 블로그 글로, 올해 카카오 회사의 큰 방향을 설명하고 있습니다. 자세한 아래 내용을 보면 기존 카카오톡 서비스에서 업그레이드가 되는데요. 단순히 개인들끼리 대화하는 공간이 아닌 카카오톡에서 주문/결제/예약/콘텐츠 발행 등의 모든 기능들을 가능하게 만든다고 합니다. 밴드와 같이 활용하면 좋은 카카오톡 서비스로 소개했지만 사실 카카오톡은 앞으로 SNS 마케터에게 다가오는 큰 기회 중의 하나입니다. 활용만 잘 한다면 각 기업들에게 큰 성과가 있을 거라고 저도 많이 기대하고 있는데요.

· 임지훈 대표이사의 블로그 글 내용 발췌

카카오톡을 통해 생활이 진화합니다.

그동안 카카오톡 플러스친구를 관심 있는 브랜드의 할인이나 이벤트 소식을 듣고, 쿠폰을 챙기는 수준에서 써오셨다면 기대하셔도 좋습니다. 새로운 플러스친구는 주문과 예약(예매), 상담과 구매가 가능한 만능 플랫폼이 됩니다. 카카오톡을 통해 장보기 서비스가 시작되고, 쇼핑도 훨씬 쉬워집니다. 올 봄에는 피자와 치킨, 햄버거 등 20여 개의 프랜차이즈가 플러스친구를 통해 채팅하듯이 간편하게 메뉴를 골라 주문하도록 해줄 것입니다.

너무 많은 정보의 홍수에서 원하는 정보를 얻기 힘들었던 경험 없으세요? 딱 필요한 정보를 시의적절하게 받아보고, 궁금한 건 바로 물어보고. 카카오톡에서 새로운 방식으로 풀어보려고 합니다. 좋아하는 아티스트 플러스친구에서는 공연 등 각종 소식을 접하고 공연 티켓이나 창작물까지 바로 구매할 수 있어야겠죠. 나를 가장 잘 이해하고, 무엇이든 척척 도와주는 비서같은 카카오톡. 처음에는 몇 가지 역할에 집중하겠지만, 이 비서는 인공 지능 기술의 발전과 함께 점점 더 똑똑해질 전망입니다.

카카오톡은 비즈니스하기 가장 좋은 플랫폼이 될 것입니다.

큰 기업은 물론 스타트업, 소상공인들도 플러스친구를 통해 상품과 서비스를 홍보하고 판매할 수 있습니다. O2O 비즈니스에서 저희가 직접 잘 할 수 있는 택시와 대리 기사 등 모빌리티 사업에 집중하겠다고 작년 11월에 밝혔는데요. 다양한 사업자들과 이용자들을 연결해주는 일이 저희가 가장 잘하는 비즈니스인 건 분명합니다. 이제는 O2O 플랫폼이라는 틀 자체가 좁은 개념같아요. 카카오톡을 통해 더 큰 틀로 확장, 모든 분야에서 비즈니스 플랫폼으로 개방과 혁신을 이어나갈 예정입니다. 이 모든 것이 가능한 플러스친구를 누구나 개설할 수 있는 오픈 플랫폼으로 선보일 예정입니다. 비즈니스를 하는데 너무 중요한 고객 확보와 유지 뿐 아니라, 내 비즈니스의 목적(구매, 주문, 예약/예매 등)이 모두 카카오톡 안에서 가능해질 것입니다. '비즈니스하려면 플러스친구부터 만들어야지'를 보여드리겠습니다.

카카오톡을 통해 콘텐츠 세상이 진화합니다.

저희는 작년 7월부터 160여 개의 콘텐츠 파트너를 대상으로 플러스친구 베타 테스트를 진행했습니다. 광고나 마케팅 뿐 아니라 톡 안에서 콘텐츠를 유통할 수 있는 모델을 실험한 결과, 카카오톡 채널 탭의 클릭이 5배 이상 성장하는 성과를 거뒀습니다. 플러스친구가 보여준 콘텐츠 유통의 새 가능성을 토대로 이제 본격적으로 도약을 준비하고자 합니다. 저희는 오랫동안 콘텐츠 플랫폼 서비스로 사랑받아 온 '다음(DAUM)'의 저력을 톡 안에 보다 효과적으로 결합시킬 방법을 모색 중입니다. 심심할 틈 없이 카카오톡 안에서 모든 정보와 재미를 찾을 수 있도록 하겠습니다. 카카오톡 이용자들을 더 즐겁게 하라. 그 어려운 걸 해보려고 합니다.

출시 예정일은 올 상반기 정도에 된다고 하니 이 글을 읽고 계신 독자 여러분들은 밴드와 함께 카카오톡의 비즈니스 서비스를 적극 활용하시기를 권장합니다.

서비스	내용
캐시프렌즈	광고를 보면 웹툰 등 유료 콘텐츠를 무료로 이용
뉴카카오톡 플러스친구	채팅창 내에서 검색, 예약, 구매 가능
카카오광고 인사이트	마케팅 효과 추적 관리

● 표1. 카카오의 2017년 핵심 비즈니스 모델

위 표에서 보시면 카카오의 2017년 핵심 비즈니스 모델 3가지가 있습니다. "캐시프렌즈"나 "카카오광고 인사이트"는 개인 사업자나 마케터에게 당분간 큰 영향은 없을 것 같아 설명드리지 않겠지만, 앞에서 설명드린 카카오톡 비즈니스 서비스가 바로 "뉴카카오톡 플러스친구"입니다. 기존의 옐로아이디와 플러스친구 그리고 새롭게 나오는 카카오톡 비즈니스 서비스를 모두 통합하는 서비스인데요. 필자 개인적으로도 서비스 출시를 손꼽아 기다리며 기회를 엿보고 있습니다. 그와 더불어 상반기에 같이 출시할 예정인 "카카오 TV"도 있는데요. 카카오톡 서비스와도 연결이 될 예정이며 카카오 라이브 방송 서비스도 추가되며, 아프리카 TV처럼 시청자들이 방송 운영자에게 금전의 선물을 줄 수 있게 될 예정입니다.

● 그림3. 다음팟 TV와 카카오 TV의 통합

기존의 카카오 TV와 다르게 카카오톡과 적극 연결을 시켜 비디오 커머스 시장까지 움켜쥐겠다는 카카오의 야심작인데요. 네이버 TV와 유튜브, 아프리카 TV 등 다른 영상 서비스만큼 폭발력 있는 서비스로 성장할 것으로 기대되고 있습니다.

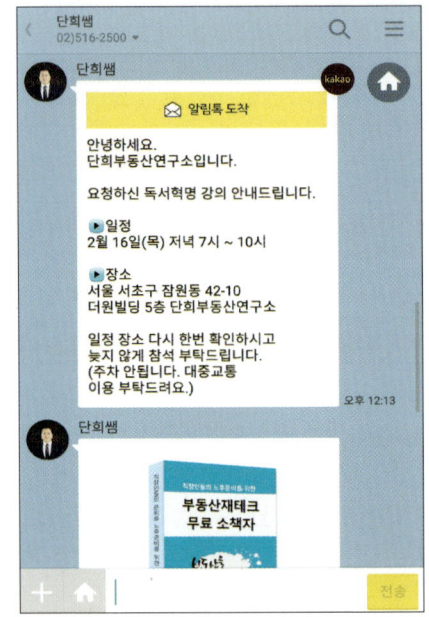 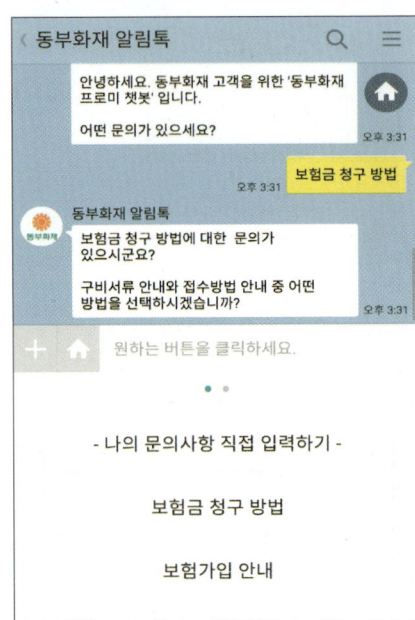

● 그림4~5. 카카오톡의 알림톡 비즈니스 서비스

마지막으로 카카오톡의 알림톡 서비스도 안내드립니다. 요즘 기업들이 문자 메시지 대신 카카오톡으로 기본적인 알람 메시지를 보내는 것을 자주 보셨을 텐데요. 문자와 다르게 카카오톡의 브랜드 신뢰도를 활용하여 발송률을 더욱 높일 수 있으며, 알림톡 서비스는 따로 회원 가입이 되어 있지 않아도 고객의 연락처만 있으면 광고 메시지와 기본적인 알림 메시지를 보낼 수 있습니다. 알림톡 기본 메시지를 보내면서 카카오톡 옐로 아이디의 친구 추가를 유도할 수 있기 때문에 추후 광고 메시지까지 보낼 수 있는 장점이 있습니다. 여러 장점이 많은 서비스이기 때문에 네이버에서 알림톡을 검색하셔서 전문 대행사를 통해 알림톡 서비스를 활용하시길 추천합니다. 필자도 밴드와 카카오톡 옐로 아이디, 알림톡을 활용하여 적지 않은 혜택을 보고 있습니다.

이처럼 밴드 뿐만 아니라 카카오톡도 새롭게 시작되는 서비스가 다양해지고 있으니 강력한 메신저 서비스인 카카오톡과 밴드를 함께 활용하여 더 큰 시너지를 내시기 바랍니다. 개인 사업자와 마케터는 플랫폼들의 큰 흐름에 올라타는 것이 빠르게 성장하는 지름길임을 아시고 움직이시면 좋겠습니다.

The End

마치며 향후 전망에 대하여

필자가 온라인 마케팅 업계에 몸담았던 지난 7년의 기간동안 엄청나게 많은 변화가 일어났습니다. 그동안 무수히 많은 기회가 있었지만 놓친 경험이 더 많았던 것 같습니다. 이런 경험 때문에 이 글을 읽는 독자 여러분은 앞으로 다가오는 기회를 잘 잡으셨으면 합니다. 제가 느끼는 앞으로의 온라인 마케팅 트렌드를 몇 가지 요약하며 책을 마무리 하겠습니다.

가장 많이 활용되고 있는 온라인 마케팅 채널이 몇 군데 있습니다. 대표적인 채널이 "네이버, 카카오, 페이스북" 3대 채널인데요. 아직도 많은 사업자와 마케터들이 활용하고 있는 채널입니다. 그만큼 경쟁이 치열하기 때문에 예전만큼의 효과가 나오기 쉽지 않습니다. 이 3대 대표 채널의 흐름은 예전처럼 무료 마케팅보다는 효율적인 타겟팅 광고 시스템으로 이미 변화가 되었습니다. 블로그 마케팅, 카카오스토리, 페이스북 무료 마케팅 등 무료 홍보 전략만 가지고는 생존하기가 힘들게 플랫폼들이 변화돼서 이제는 플랫폼들이 제공하는 타겟 광고 서비스를 잘 활용하는 마케터들이 많은 성과를 만들어가는 구조가 되었고 앞으론 더욱 심해질 것입니다. 물론 무료 마케팅 전략도 아직 통하긴 하지만 세상에 공짜가 없듯이 유료 광고보다는 속도가 뒤처질 수 밖에 없습니다. 광고는 돈이 들어가는 만큼 기술적인 광고 전략 기법과 콘텐츠 전략이 뒷받침되어야 성과가 나올 수 있습니다. 그와 더불어 광고 데이터를 파악해 다시 활용하는 시야도 필요하죠.

아직도 무료 꼼수 마케팅만 찾아 다니고 있다면 당장 멈추고 유료 광고 전략을 배워서 활용하는 방법을 배우시길 권합니다.

이외 새롭게 급부상 하고 있는 채널들은 인스타그램, 유튜브, 밴드, 스노우 등과 같은 채널인데요. 아직까지 대표 3대 채널에 비해 광고주가 많은 편이 아닙니다. 잘 활용하면 좋은 성과를 기대할 수 있지만 개척이 안된 시장이라 공식이 따로 존재하지 않고 시장을 스스로 개척해야 하는 상황입니다. 먼저 선점해 개척한 사람이 많은 성과를 가져가게 될텐데요. 2017년이 지나면 이 3개 채널도 지금 같지 않을 거라 생각합니다.

네이버, 카카오, 페이스북을 광고 채널로 활용한 광고주들이 새로운 마케팅 채널을 항상 갈망하고 있기 때문인데요. 최근에 가장 관심받고 있는 채널은 인스타그램입니다. 회원을 모은 사람은 많지만 뚜렷한 수익 모델을 인스타그램을 통해 만든 마케터들은 아직 많이 없습니다. 그만큼 어렵지만 경쟁 마케터가 다른 채널에 비해 없는 만큼 무궁무진한 가능성이 있는 채널이라 판단됩니다. 그와 더불어 2017년 봄경에 예정되어 있는 카카오톡의 비즈니스 서비스도 참고해서 기다리면 큰 기회가 올거라 판단하고 있습니다.

새로운 신규 서비스가 탄생할 때마다 그 흐름에 올라타는 개인들은 자연스럽게 부를 창출하게 됩니다. 온라인 흐름의 변화가 빠른 만큼 기회도 많이 온다는 증거인데요. 단순히 눈앞에 있는 매출만 쫓기보다는 중요 IT 기업들의 뉴스 기사를 읽어보며 흐름을 평소에 읽다보면 경쟁사가 보지 못하는 새로운 기회의 트렌드 흐름을 찾을 수 있을것입니다. 필자도 그 기회를 잡으려 항상 뉴스 기사와 세미나, 강연 행사를 많이 다니곤 합니다.

지금의 시대는 속도도 중요하지만 제대로 가는 방향도 엄청나게 중요한 시대이기 때문입니다. 온라인도 무조건 열심히만 한다고 해서 잘되는 시대는 이미 지났습니다. 웬만하면 남들이 안하는 경쟁없는 시장을 개척하고 이미 포화된 시장보다 새롭게 급부상 하는 시장에 들어가 시장을 만드는 선구자가 되는 것을 목표로 하는 것이 지금의 시대에 알맞습니다. 단순히 콘텐츠만 좋다고 SNS는 성공하는 것이 아니고 앞서 설명드린 것처럼 콘텐츠와 기술적인 광고 전략이 뒷받침되어야 성공할 수 있는게 지금의 SNS 마케팅입니다.

이 책을 읽는 독자분들은 부디 앞으로는 좋은 기회를 발굴해 내 것으로 만들기 바라며 밴드 마케팅을 통해서도 좋은 성과가 있기를 기대합니다.